创客教育系列丛书

# 开源硬件科技实验

胡永跃 主 编
张 封 副主编

清华大学出版社
北京

## 内 容 简 介

本书为创客教育系列丛书高中第二册，内容由"开源硬件设计""科学实验""技术试验"三章构成，设计了"感受 Arduino 的魅力——电子琴""用 Arduino 测算地球质量""Arduino 遥控小车"等项目范例。引导学生围绕"情境→主题→规划→探究→实施→成果→评价"的项目学习方式，开展自主、探究、合作学习，帮助学生掌握本书的基础知识、方法与技能，锻炼计算思维，提高创新设计能力，促进学生核心素养的提升，尝试开展科技实验，创作实体作品，从而培养对实际问题的解决能力。

本书为创客教育系列丛书高中第二册，适合高中二年级学生阅读使用。

本书封面贴有清华大学出版社防伪标签，无标签者不得销售。
版权所有，侵权必究。侵权举报电话：010-62782989 13701121933

**图书在版编目(CIP)数据**

开源硬件科技实验 / 胡永跃主编. —北京：清华大学出版社，2020.7
（创客教育系列丛书）
ISBN 978-7-302-55994-8

Ⅰ.①开… Ⅱ.①胡… Ⅲ.①计算机课—高中—教学—参考资料 Ⅳ.①G634.673

中国版本图书馆CIP数据核字(2020)第121782号

责任编辑：张　瑜
装帧设计：杨玉兰
责任校对：吴春华
责任印制：杨　艳

出版发行：清华大学出版社
　　　　网　　址：http://www.tup.com.cn, http://www.wqbook.com
　　　　地　　址：北京清华大学学研大厦A座　　邮　编：100084
　　　　社 总 机：010-62770175　　　　　　　　邮　购：010-62786544
　　　　投稿与读者服务：010-62776969, c-service@tup.tsinghua.edu.cn
　　　　质量反馈：010-62772015, zhiliang@tup.tsinghua.edu.cn
印 装 者：三河市铭诚印务有限公司
经　　销：全国新华书店
开　　本：210mm×285mm　　印　张：8.75　　字　数：203千字
版　　次：2020年8月第1版　　　印　次：2020年8月第1次印刷
定　　价：49.80元

产品编号：088180-01

# 序

　　全球化和人工智能、大数据、区块链等技术的飞速发展，正在深刻改变着人才需求和教育形态，促使学生掌握在 21 世纪生存和成功所需的知识与技能，它们被称为 21 世纪的高阶思维技能、更深层次的学习能力以及复杂的思维和沟通技能。创客教育与 STEM 教育作为跨学科综合教育的有效形态，在全球范围内，特别是在美国、英国、德国、以色列、芬兰、日本等发达国家，已被提升到国家发展及人才战略的高度。近年来，STEM 教育理念在我国也越来越受到广泛重视并达成共识，其优越性体现在以下方面。

　　一是用知识解决问题。学生需要应用知识和技能，并且必须能够将知识和技能、学习和能力、惰性学习和主动学习、创造性和适应性的学习转化为有价值的高阶思维的分析、评价与创造。

　　二是批判性思维。批判性思维被认为是 21 世纪学习的基础，包括对信息的获取、分析和综合，并可以被教授、练习和掌握。批判性思维还利用了其他技能，如交流、信息素养能力，以及检验、分析、解释和评估证据的能力。

　　三是问题解决能力。21 世纪学生的另一个基本能力是解决问题，研究和解决问题的技能包括识别和搜索、选择、评估、组织和权衡备选方案和解释信息的能力。

　　四是沟通与协作。良好的沟通能力，包括口头和书面表达令人信服的想法的能力，能提出明确的意见，能接受连贯的指示，并通过言语激励他人，这些能力在工作场所和公共生活中都被高度重视。规范的合作学习需要改变课程、教学、评估实践、学习环境和教师的专业发展，21 世纪的合作将在学校内部、学校之间、学校内外的沟通之间发展。

五是创新与创造力。在全球化竞争和任务自动化的今天，创新能力和创新精神正在迅速成为职业和个人成功的必要条件，勇于"抓住"问题和实践探究"开拓新领域"的能力，激发新的思维方式，提出新的想法和解决方案，提出不熟悉的问题，并得出意想不到的答案，进一步激发创新和创造力。

六是基于项目和基于问题的探究式学习是21世纪教与学的核心，是实现21世纪教育目标的理想教学模式。学生们通过设计和构造现实生活中问题的实际解决方案来学习，在小组合作中，学生将开展跨学科知识融合与研究，对项目的不同部分负责，互相评价对方的工作并创造出专业的高质量产品，这将有助于培养学生在现实世界中解决问题的能力。

国内对STEM课程的研究还处于起步阶段，存在概念理解偏差、课程设置不完善以及师资力量不足等问题。一些技术驱动的创客内容，脱离了教育本质，未能以核心素养为本推动学生内在发展。虽然国内也出现了许多课程，如机器人、3D打印、编程等，但大多呈现出碎片化的状态，没有形成一套完整的课程可供大家参考和借鉴。针对这种情况，"创客教育系列丛书"力求以系统化、可持续、可评价的方式开展STEM教育和创客教育的理论研究与实践探索，研发了一套STEM教育和创客教育的系统化课程，完成了从小学、初中到高中的有效衔接，以落实基于21世纪核心素养人才的培养方案。本丛书编写的指导思想，结合了我国国情，从"立德树人、服务选才、引导教学"角度出发，融项目式学习（PBL）、STEM理念于一体，基于通识教育，以项目式学习推进STEM教育。该丛书包括小学三册、初中三册、高中三册，立足于大众创客教育，围绕数字创作、人工智能、创意制作、畅想创作四类课程有效进阶，结合网络学习平台，软硬结合，虚实融合，线上线下整合，培养学生21世纪核心技能。因此，该丛书的内容设计在选取上注重输入与输出的有效对接，每种课程都有合适的出口，最终都呈现出学生作品，与培育精英人才结合，与市、省及国家级的竞赛活动衔接。本丛书解决了跨学科融合与考试升学之间的矛盾；解决了不同地区经费需求不同的问题；解决了创客教育与STEM教育可持续性问题；解决了创客教育师资不足的问题。丛书出版以符合教育部公示并通过审核的面向中小学生的全国性竞赛活动为准，作品无论是虚拟创作还是实体制作，都是一个项目、一种工程。该丛书用项目式学习为师生提供明确的教学指引和学习支架，小学、初中、高中各阶段教材均以知识技能为主线，以项目教学或项目式学习为辅线，通过项目范例、项目选题、项目规划、探究活动、项目实施、成果展示、活动评价等环节引领教与学的活动。丛书中项目教学的思路主要通过项目式学习实施路径和项目活动评价表予以落实。

该丛书立足创客教育与STEM教育战略高度的顶层设计，聚焦教育创新战略，设计教育改革发展蓝图，积极探索新模式，借鉴国际教育发展前沿趋势和国内创新实践，聚焦提升人才培养质量，以为国家建设培养创新人才为核心，整合全社会资源，项目引路，构建由中小学校校内之间、不同学校之间以及校外与科研机构、高新企业、社区和高等学校组成的项目式学习发展共同体，以实施系统完整的创客课程与STEM课程为主线，打造覆盖区域的课程实施基地，面向全体，让每一个学生接受创客教育与STEM教育，通过课程的常态化和人才选拔，培养国家发展急需的创新型人才和高技能人才，为国际教育发展和科技创新型人才培养提供中国智慧和中国方案。

该丛书难免存在缺点和不足，殷切希望广大读者批评指正！

中国教育信息化创客教育研究中心  
丛书主编　孙晓奎  
2020年7月

# 给同学们的话

21世纪是人工智能时代，也是新硬件不断发展的时代，以软件技术、移动互联网、物联网、大数据和5G等技术为基础，以创客为主要参与群体，以硬件创作为主要表现形式的新的产业形态已经初见端倪。显然，掌握信息技术，具备有创意、能动手、会分享的技能，将是新时代弄潮儿的基本特征。同学们作为新时代的"数字原住民"，既要学习和掌握在虚拟世界的漫游本领，也要体验和实践在物理世界的技术应用，本书旨在让同学们能通过动手实践，感受新硬件和新技术的魅力，体验运用多学科知识进行模仿、制作、创作和分享的乐趣，培养解决实际问题的能力。

基于开源硬件的科技实验有益于培养同学们的创新兴趣，锻炼同学们的实践能力，同时也是同学们进行科学、技术、工程、数学（STEM）学习的有效途径之一。本书还针对同学们的课堂教学和个性化发展需要，融合物理、化学、生物等学科知识，进行创新的科学实验和技术试验，为同学们开启学科融合学习之门。

通过本书的学习，同学们能了解开源硬件和Arduino的相关知识，体验科学实验设计过程，感受技术试验流程，初步学会开源硬件作品从创意、设计到制作、测试、运行的全过程，初步形成利用开源硬件进行创新设计的能力，从而提升计算思维与创新能力。

本书由"开源硬件设计""科学实验""技术试验"三章内容构成，设计了"感受Arduino的魅力——电子琴""用Arduino测算地球质量""Arduino遥控小车"等项目范例。教师围绕"情境→主题→规划→探究→实施→成果→评价"的项目学习方式开展教学活动，帮助同学们掌握本书的基础知识、方法与技能，锻炼计算思维，提高创新设计能力，促进同学们核心素养的提升。

本书要求同学们仔细观察身边的真实问题，据此进行自主、协作、探究学习，从而解决生活中的实际问题。同学们围绕"项目选题→项目规划→方案交流→探究活动→项目实施→成果交流→活动评价"的项目学习主线开展学习活动，在动手制作中学习，在学习交流中分享，在分享快乐中成长，将知识建构、技能培养与思维发展融入具体的项目制作过程，促进核心素养的提升。

本书各章首页的导言，叙述了本章的学习目的与方式、学习目标与内容，让同学们对整章内容有个整体认识。各章首的"项目范例"是进行项目学习的依据和模板，同学们可参考范例流程学习自选项目并实施。每章设置了"本章扼要回顾"，通过知识结构图描述每章的主要内容及它们之间的关系，有助于同学们建立自己的知识结构体系。此外，本书为同学们提供了配套学习资源和学习手册，其中包含本书相关的软件、拓展资料及案例源代码等，为同学们开展项目学习提供了帮助，同学们也可以在手册中记录自选项目的实施进度及数据。

让我们一起迈进新技术的殿堂，在学中做，在做中创，共享创作，分享快乐，努力成长为新时代的创客。

编　者

# 目 录 CONTENTS

## 第一章　开源硬件设计 .................................................. 1

项目范例：感受 Arduino 的魅力——
　　　　　电子琴 ............................ 2
第一节　认识开源硬件及 Arduino ......... 4
　　一、开源硬件 ................................ 4
　　二、Arduino 平台 ......................... 5
第二节　初试身手——LED ................ 11
　　一、制作演示用的红绿灯 ............ 11
　　二、制作实际红绿灯 .................... 12
第三节　感光灯 .................................... 17
　　一、光敏二极管 ............................ 17
　　二、简易感光灯 ............................ 17
　　三、传感器的制作 ........................ 19
第四节　蜂鸣器——报警器 ................ 21
　　一、蜂鸣器 .................................... 21
　　二、简易报警器 ............................ 22
　　三、简易警报器 ............................ 24
第五节　触摸电子琴 ............................ 25
　　一、触摸传感器 ............................ 25
　　二、触摸电子琴 ............................ 27
　　三、编写乐曲程序 ........................ 28
本章扼要回顾 ........................................ 31
回顾与总结 ............................................ 32

## 第二章　科学实验 .................................................. 33

项目范例：用 Arduino 测算地球质量 .... 34
第一节　用光电门测物体速度 ............ 36
　　一、制作光电门 ............................ 36
　　二、测定物体的速度 .................... 37
第二节　用光电门测单摆周期 ............ 40
　　一、测算单摆周期 ........................ 40
　　二、测算重力加速度 .................... 42
第三节　测重力加速度 ........................ 43
　　一、用打点计时器测 *g* .............. *43*
　　二、用光电门测 *g* ...................... *44*
第四节　传感器与生物、化学实验 .... 49
　　一、传感器 .................................... 49
　　二、生物、化学应用 .................... 54
第五节　测算地球质量 ........................ 61
　　一、测算方法 ................................ 61
　　二、测算过程 ................................ 61
本章扼要回顾 ........................................ 65
回顾与总结 ............................................ 66

## 第三章　技术试验 .................................................. 67

项目范例：Arduino 遥控小车 ............. 68
第一节　工程进、出料控制 ................ 70
　　一、认识倾斜开关 ........................ 70
　　二、倾斜开关实验 ........................ 71
　　三、倾斜开关应用实例 ................ 73
　　四、简易计步器 ............................ 74
第二节　路灯控制系统 ........................ 76
　　一、电磁继电器及其控制原理 .... 76
　　二、继电器控制实验 .................... 78
　　三、路灯控制系统 ........................ 79
第三节　马达的驱动与控制 ................ 80
　　一、TT 马达及其驱动 ................. 80

二、L298N 驱动板 .................. 82
　　三、TT 马达驱动实验 ............ 83
第四节　舵机的驱动与控制 ........ 85
　　一、舵机及其控制原理 ............ 86
　　二、舵机的驱动实验 ................ 87
　　三、手动控制舵机 .................... 89
　　四、舵机的常见应用 ................ 90
第五节　红外收发与遥控 ............ 94
　　一、红外接收管 ........................ 94
　　二、红外遥控 ............................ 95
　　三、红外发射 ............................ 97
第六节　物联控制系统 ............... 101

　　一、以太网扩展板 .................. 101
　　二、搭建 Web 信息服务器 ... 102
　　三、远程控制电子设备 .......... 104
　　四、广域物联网 ...................... 106
第七节　科技作品创作过程 ...... 109
　　一、确定主题 .......................... 109
　　二、设计方案 .......................... 109
　　三、实施方案 .......................... 110
　　四、交流分享 .......................... 110
　　五、总结评价 .......................... 110
本章扼要回顾 ................................ 119
回顾与总结 .................................... 120

## 附录 1　中英文术语对照表 .................................................................. 121

## 附录 2　项目活动评价表 ...................................................................... 123

## 附录 3　本书所用元器件或替代品参考资料 ...................................... 125

## 附录 4　电路焊接的基本技术 .............................................................. 127

## 参考资料 .................................................................................................. 129

# 第一章
## 开源硬件设计

随着创客教育的普及和开展，开源硬件现已成为创客最常用的工具之一。开源硬件不仅被设计师、工程师等专业人员用于科技创新和原型开发，同时也被艺术家、大中小学生等业余爱好者所喜爱。他们利用开源硬件，自主设计、制作，将各种奇思妙想转化为实物作品或产品。其中，Arduino 就是开源硬件的典型代表，它是一个连接虚拟与现实的工具和平台，利用这个平台可以编写计算机程序，并控制现实世界中的各种电子设备。

本章将通过"感受 Arduino 的魅力——电子琴"项目，进行自主、协作、探究学习，让同学们认识开源硬件及 Arduino 平台。通过 LED、感光灯、报警器、触摸传感器等实验，感受 Arduino 的魅力，学会初步使用 Arduino 平台，并能进行简单的实验项目开发，从而将知识建构、技能培养与思维发展融入运用数字化工具解决问题和完成任务的过程中，促进创新素养达成，完成项目学习目标。

- ◎ 认识开源硬件及 Arduino
- ◎ 初试身手——LED
- ◎ 感光灯
- ◎ 蜂鸣器——报警器
- ◎ 触摸电子琴

# 项目范例：感受 Arduino 的魅力——电子琴

● **情境**

随着全球创客运动的兴起，国内"大众创业，万众创新"热潮风起云涌，各类创客活动也逐步推广并进入中小学校。开源硬件是创客运动的一个缩影，其中的 Arduino 更是众多创客的首选平台之一。基于 Arduino 的开发平台，即使是零基础的非电子专业人员，也可以快速地开发出一些好玩、实用的互动性小作品，解决生活中的一些实际问题，给工作、学习、生活增添更有趣的创意。那么，什么是开源硬件和 Arduino 呢？它们具体能做出什么样的作品呢？

● **主题**

感受 Arduino 的魅力——电子琴。

● **规划**

根据项目范例的主题，在小组中组织讨论，利用思维导图工具，制订项目学习规划，如图1-1所示。

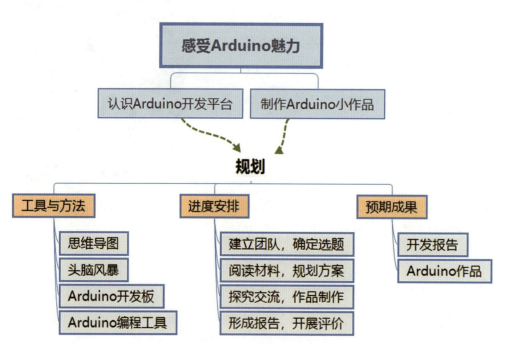

图1-1 "感受 Arduino 的魅力"项目学习规划

● **探究**

根据项目学习规划的安排，通过调查和案例分析、文献阅读或网上搜索资料，开展"感受 Arduino 的魅力——电子琴"项目学习探究活动，如表1-1所示。

表1-1 "感受Arduino的魅力——电子琴"项目学习探究活动

| 探究活动 | 学习内容 | 知识技能 |
| --- | --- | --- |
| 认识开源硬件及Arduino | 开源硬件特征 | 理解开源硬件的概念；认识开源硬件的特征；了解开源硬件的发展历程；了解Arduino软硬件平台 |
| | 开源硬件发展历程 | |
| | Arduino硬件、软件开发平台使用 | |
| 初试身手——LED | LED灯的使用 | 体验利用Arduino进行简单实验 |
| 感光灯 | 感光灯的制作 | Arduino数字信号的输入和输出 |
| 蜂鸣器——报警器 | 蜂鸣器的使用 | 声音传感器的使用 |
| 触摸电子琴 | Arduino电子琴作品制作 | 触摸传感器、蜂鸣器等综合使用及项目制作 |

● **实施**

实施项目学习探究活动，认识开源硬件特征和发展，了解Arduino平台特点，并能利用开源硬件特别是Arduino制作简单、有趣的作品或解决实际问题。

● **成果**

在小组开展项目范例学习的过程中，利用思维导图梳理小组成员在"头脑风暴"等活动中的观点和意见，记录探究过程和结果，运用"写得"等数字化学习工具综合加工和表达，形成项目范例可视化学习成果，如"感受Arduino的魅力——电子琴"可视化报告，运用开源硬件创作简易作品，并通过各种途径和平台进行分享发布。

● **评价**

根据本书附录2的"项目活动评价表"，对项目范例的学习过程和学习成果在小组和班级上进行交流，开展项目学习活动评价。

● **项目选题**

请同学们以3～6人组成一个小组，选择下面一个参考主题，或者自拟一个感兴趣的主题，开展项目学习，创作简易小作品。
(1) 体验Arduino的其他型号开发板与软件。
(2) 体验掌控板或micro:bit开发平台。
(3) 体验树莓派或其他开源硬件开发平台。

● **项目规划**

各小组根据项目选题，参照项目范例的样式，利用思维导图工具，制定相应的项目方案。

## ● 方案交流

各小组将完成的方案在全班进行展示交流，师生共同探讨，完善相应的项目方案。

# 第一节　认识开源硬件及Arduino

什么是开源硬件？Arduino是什么？它们之间有什么关系？Arduino有什么作用？

## 一、开源硬件

开源硬件（Open Source Hardware）是开源软件定义的延伸，是指源代码开放的硬件（设备、机器或者其他实物），任何人都可以拿来使用、重新制造、重新设计以及重新销售。开源硬件的源代码，指的是开源硬件的设计，包括项目组成、概述、原始设计文件、辅助设计文件、物料清单、软件、照片和解释说明等。核心体现在电路原理图、物料清单、PCB（电路板）图等。

硬件与软件的不同之处是，硬件资源始终致力于创造实物产品，如3D打印、无人驾驶飞机等技术，都是利用开源硬件的很好的例子。目前，比较流行的开源硬件有Arduino、掌控板、Raspberry Pi（树莓派）、micro:bit等。其中，Arduino是开源硬件界第一个获得大规模成功的项目，由它衍生了大量的产品。

得益于创客运动，开源精神和开源文化从电子爱好者、开源硬件社区开始，逐步走向大众，使普通人也能通过各种开源分享，将创意、创新转化为现实，甚至改变世界。

## ● 探究活动

【拓展】

### 开源与开源软件

开源，即开放源代码(Open Source)，1998年OSI（开放代码促进会）成立时，"开源"一词正式被使用。

软件源代码(source)是可供人阅读的计算机指令文本，是软件产品最直接、最完整的技术描述。商业软件公司通常采取申请版权或者商业秘密的方式对软件源代码实施严格保护，以防止其技术思想被窃取，从而保证软件的销售利润。

开源软件，即开放源代码软件，是指源代码完全公开，自由分发，任何人都可以免费获取。开源软件由无报酬的志愿者通过网络合作的方式完成。开源软件独特的生产和发布方式，取得了令人瞩目的成功。今天，开源软件在全球已被广泛使用于各行各业，改变着世界软件业的发展轨迹。例如，在开源软件方面，有Linux、Apache、MySQL等；在互联网方面，有PHP、Python、Firefox等，在移动设备操作系统方面，有Android（安卓）等。

【体验】

选择一个开源硬件或软件，下载或配置其使用环境，了解并体验其使用方法，感受开源文化。

## 二、Arduino 平台

Arduino 是开源硬件的典型代表之一，是一种便捷灵活、编程简易、能快速解决实际问题的开源电子原型平台，既适用于工程师、艺术家、设计师，也适用于一切对开发互动装置或互动式开发环境感兴趣的爱好者。

Arduino 包含两大部分：硬件部分是可以用来做电路连接的 Arduino 电路板；软件部分是 Arduino IDE，两者都是开放的。使用者既可以获得 Arduino 开发板的电路图，也可以获得 Arduino IDE 的源代码。除了购买 Arduino 电路板外，不需要支付额外的费用。Arduino 使用一种简单的专用编程语言，使用者不必掌握汇编语言和 C 语言等复杂技术就可以进行开发。

### 1. Arduino 硬件

由于 Arduino 属于开源平台，自然人人都可以制作并生产类似的控制板，因此在市面上有各种各样的 Arduino 兼容控制器，如图 1-2 所示。由于各厂家生产的主板，其核心都是一致的，因此，在学习本书的过程中，任意一款兼容 Arduino 的控制板均可正常使用，不必纠结于具体是哪个厂家生产的。但是值得注意的是，如果没有官方授权是不能使用 Arduino 商标的，否则就是侵权行为。

图 1-2　国内某厂家生产的 Arduino 板实物图

**【拓展】**

上网查找 Arduino 的相关资料，通过各种渠道了解 Arduino 的购买方式，并注意进行甄别和比较。

Arduino 板是一个简单易用的微型控制器，可以连接各种输入设备，一般通过传感器传入信息，也可以驱动各类输出设备，如自平衡车、LCD 显示器、电子玩具、机器人等。Arduino 板最适合进行科学实验，快速实现一些简单的创意，能有效地缩短电子产品的开发周期。

尽管 Arduino 板的改良产品五花八门，但其基本结构都一样，其平面示意图如图 1-3 所示，具体的针脚含义如表 1-2 所示。

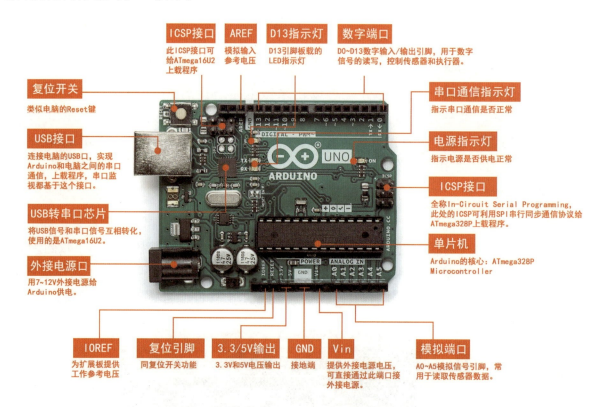

图 1-3　Arduino 板平面图

表 1-2　Arduino 板各引脚说明

| 上排引脚 | 下排引脚 |
| --- | --- |
| RESET：复位开关，点击可重启主板<br>AREF：基准电压输入<br>GND：接地或地线<br>D0 ～ D13：Digital 数字输入 / 输出引脚<br>TX：Transmit 传送，串行输入 / 输出<br>RX：Receive 接收，串行输入 / 输出 | IOREF：输入输出参考电压，预留管脚，扩展用<br>RESET：复位引脚，功能与复位开关相同<br>3.3V：3.3V 电压输出<br>5V：5V 电压输出<br>VIN：外接输入电源电压<br>A0 ～ A5：模拟输入 [0,1023]，模拟输出 [0,255] |

### 2. Arduino 软件

Arduino 板本质上是一台单片机，其核心就是 AVR 单片机（挪威 Atmel 公司 1997 年推出），要建立其输入、输出之间的联系，就需要一个编写其输入 / 输出关联程序的软件平台。Arduino IDE（Integrated Development Environment，集成开发环境）就是一个基于开放源代码的软硬件平台，是专门面向 Arduino 的开发工具，具有使用类似 Java、C 语言的 Processing/Wiring 开发环境。

1）Arduino IDE 的安装和使用

要使用 Arduino IDE，有两种方式：在线使用或下载软件安装使用。

在线方式可直接通过访问 Arduino 的官网 arduino.cc 进入，点击 ONLINE 链接，无须安装即可使用，但是会受制于网络等因素的干扰，不太稳定。

一般学习过程中通过下载并安装的方式进行（本书后续内容均采用此方式）。安装 Arduino IDE 软件，可以到其官网下载最新版的 Arduino IDE（注意选择与电脑操作系统匹配的版本，如 Arduino For Windows），安装比较简单，只要按步操作即可。安装时可选择"简体中文"，安装完成后，桌面上会出现一个 Arduino IDE 快捷图标，如图 1-4 所示。

图 1-4　Arduino IDE 快捷图标

2）Arduino 的设置

首先，将 Arduino 板接上电脑，然后依次选择"计算机→管理→设备管理器→端口"，检查 Arduino 板所在的端口，如 COM4 等，并记下来。

然后，运行 Arduino IDE，在"工具"菜单的"板："子菜单中勾选 Arduino Uno，在"端口："子菜单中勾选 Arduino 板所在的端口（如 COM4），如图 1-5 所示。

图 1-5　Arduino 的设置

简而言之，设置 Arduino 就是要将所使用的 Arduino 板与 Arduino IDE 对应上。

3）Arduino 程序

Arduino IDE 包括代码编辑器、编译器、调试器等。用 Arduino IDE 可以编写有关 Arduino 板的控制程序，并上传（或烧写）到 Arduino 板脱机执行。

Arduino IDE 程序一般包括设置 setup() 和循环 loop() 两个部分，基本格式参见下面的 LED 闪灯程序（其中的"//"为注释语句标识符）。

（1）LED 与 Arduino 板的连接，如图 1-6 所示。

图 1-6　LED 与 Arduino 板连接

（2）LED 闪灯程序：

```
void setup() {   // 只运行一次
  pinMode(13, OUTPUT);// 设置数字针脚 13 为输出
}
void loop() {    // 循环运行
  digitalWrite(13, HIGH);// 点亮 LED，HIGH 表示高电平
  delay(500);    // 等待 500ms
  digitalWrite(13, LOW);// 熄灭 LED，将 13 针脚设为低电平
  delay(500);    // 等待 500ms
}
```

（3）验证与上传：点击"验证"按钮（见图 1-7），如未发生代码错误，就可点击"上传"按钮（见图 1-8），将程序烧写到 Arduino 板上脱机执行。

图 1-7　"验证"按钮　　　　　图 1-8　"上传"按钮

【交流】

通过对开源软件的使用和体验，结合实际，讨论其与闭源软件之间的区别和联系。

### 3. 其他 Arduino 编程工具

用 Arduino IDE 编写程序，需要具有一定的程序设计语言基础，如 C 语言等。对于不太熟悉程序设计语言的人来说，用代码编程既麻烦也费时间，有没有简便的编程工具呢？这里，我们推荐两个图形化编程工具 ArduBlock 和 Mixly。本书后续部分程序将以 ArduBlock 为例进行介绍。

1）ArduBlock

ArduBlock 是一款针对 Arduino 开发的图形化编程软件，是 Arduino 官方编程环境的第三方软件，依附于 Arduino IDE，用它编程就像搭积木一样，可视化和交互性程度高，编程门槛低，适合于初学者。

（1）ArduBlock 的下载安装。

ArduBlock 的下载安装很简单，只需要将其安装包文件放置到 Arduino 的工具文件夹中即可。具体操作如下。

先从 Arduino 的"文件"→"首选项"里找到项目文件夹的位置，如"……\ Arduino"，并依次在其中建立分级子文件夹"\tools\ArduBlockTool\tool"。

再将下载的 ArduBlock 压缩文件包直接保存到上述文件夹"…… \Arduino\tools\ArduBlockTool\tool"中即可。

（2）ArduBlock 的初步使用。

运行 Arduino IDE，会发现"工具"菜单中增加了 ArduBlock，这就是 ArduBlock 软件，点击它就可进入 ArduBlock 的主界面，如图 1-9 所示。

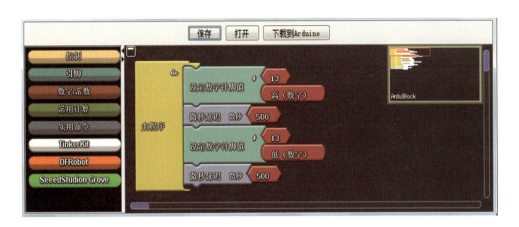

图1-9　ArduBlock主界面

（3）ArduBlock模块简介。

ArduBlock主界面分三部分，上边是工具区，包括"保存""打开""下载到Arduino"三个按钮，可实现编程文件的存取，将图块程序转换为代码程序（方便初学者对比学习Arduino IDE代码编程）；右边是编程区，采取拖曳、移动的方式像搭积木一样对各模块进行组合、嵌合；左边是各类模块区。

① "控制"——do循环（主程序do），当循环（当 条件满足 执行……），指定次数循环（重复……），判断结构（如果条件满足 执行……否则执行……；如果条件满足 执行……）。

② "引脚"——数字针脚，模拟针脚，设定数字针脚值，设定模拟针脚值，舵机（针脚，角度），超声波针脚（trigger发射，echo回波），以及发声函数（tone 针脚 频率 毫秒，noTone 针脚）。

③ "数字/常数"——数字、字符串的常量、变量，逻辑变量等。

④ "常用计算"——逻辑运算、关系运算、数学运算等。

⑤ "实用命令"——延时（毫秒，微秒），随机数（1024以内），上电运行时间，串口输出，数字映射，$I^2C$读、写等。

（4）ArduBlock程序实例。

以前面的LED闪灯为例，只要从"控制"类模块中拖曳出"主程序do"，从"引脚"类模块中拖曳出"设定数字针脚值"，从"实用命令"类模块中拖曳出"微秒延迟"，并按图1-9右边编程区所示程序修改、嵌合，将其"下载到Arduino"，再进行"验证""上传"，就可以使Arduino板上的LED闪烁起来。

2）Mixly（米思齐）

Mixly是一款免费开源的图形化编程软件，支持包括Arduino、micro:bit、ESP32等开发板。Mixly软件具有丰富的传感器模块和第三方库，同时支持用户的定制化开发，方便用户编写各种从简单到复杂的应用程序。Mixly可将编写完成的程序直接上载到Arduino开发板。Mixly的界面如图1-10所示。

Mixly界面主要包括模块区、编程区、代码区和编译区四部分。Mixly的部分模块功能如表1-3所示。

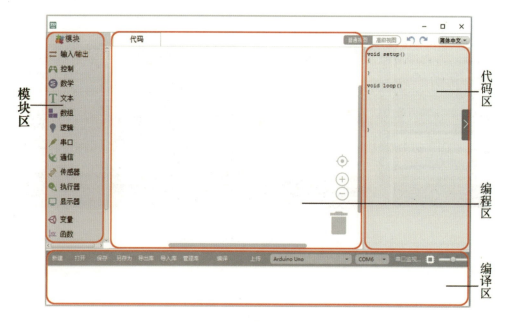

图 1-10  Mixly 的界面

表 1-3  Mixly 的部分模块及其功能

| 模块类名称 | 功　　能 |
| --- | --- |
| 输入/输出 | 用于编写输入、输出指令的模块，包括数字引脚的输入/输出、模拟引脚的输入/输出、中断控制、脉冲长度设置等 |
| 控制 | 用于控制程序结构的模块，包括初始化、延迟、条件执行、循环执行、系统运行时间、定时器等 |
| 数学 | 用于数学运算的模块，包括数字映射、数字约束、数字运算、取整、三角函数等 |
| 文本 | 用于处理文本字符的模块，包括字符连接、字符截取、字符比较、字符与数字转换等 |
| 数组 | 用于编写一维数组的模块，包括数组初始化、数组创建、数组项赋值和取值等 |
| 逻辑 | 用于逻辑运算的模块，包括比较、判断、逻辑值等 |
| 串口 | 用于串行通信的模块，包括串口读/写、串口中断等 |

以前面的 LED 闪灯为例，可从"输入/输出"模块区中拖曳出"数字输出"模块，并设置其管脚和值，从"控制"模块区中拖曳出"延时"模块，并输入时间，如图 1-11 所示，然后将其"上传"，就可以使 Arduino 板上的 LED 闪烁起来。

图 1-11  Mixly 闪灯实验代码

【实践】

安装并使用上述 Arduino 编程软件，感受不同软件的编程风格，并选择其中一个进行编程实验。

● 项目实施

各小组根据项目选题及拟定的项目方案，结合本节所学知识，了解开源硬件及 Arduino 平台，熟悉各针脚的位置，选择一个编程工具，配置开发平台，进行 Arduino 小实验。

## 第二节　初试身手——LED

Arduino 是一种开展创客活动的辅助工具，它能帮助我们实现对真实问题的快捷解决。从本节开始，我们将学习用 ArduBlock 和 Arduino 进行各种科学实验。

做一个在电脑屏幕上显示的虚拟红绿灯动画，方法多种多样，也很容易实现。然而，若想做一个现实中的红绿灯或流水灯，似乎就不那么容易，一是要找到合适的元器件，二是要考虑怎么让红绿灯能够自动交替闪亮……

现在，有了 Arduino，要做一个现实的红绿灯，就变得简单了。

### 一、制作演示用的红绿灯

作为演示用的简单红绿灯，可直接将红色 LED 和绿色 LED 接在 Arduino 板上临时进行，如图 1-12 所示。

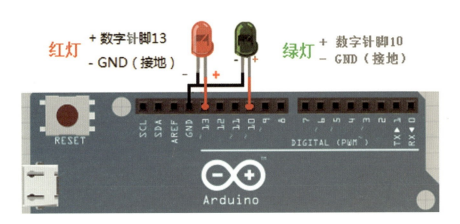

图 1-12　简单红绿灯接线图

具体的程序实现也比较简单，只要将数字针脚 13 设置为高电平，5s（间隔时间可自定）后再设置为低电平，然后将数字针脚 10 设置为高电平，5s 后再设置为低电平，如此循环，如图 1-13 所示。

注意：图 1-13 中的"主程序 do"是一种常用的循环结构，对应于 Arduino IDE 中的"void loop() {}"，只要是针对 Arduino 的程序，就必定会用到这种结构。

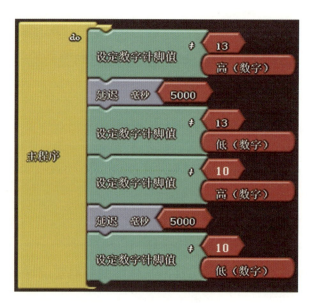

图1-13 简单红绿灯程序

## ● 探究活动

【观察】

1. 将程序下载到Arduino，看看红绿灯是怎样闪烁的？修改延迟时间会发生什么现象？
2. 观察马路上实际红绿灯的运行过程，总结并提取其运行规律。

## 二、制作实际红绿灯

制作实际的红绿灯，需要考虑实际元器件的参数，还要加一黄色闪灯。

### 1. 实际红绿灯电路图

根据中学物理知识，红绿灯所需元器件包括LED灯、电阻$R$、电源$E$、控制开关、导线等，其构成电路如图1-14所示。由图可知，只要交替不停地按压、释放红、黄、绿三路控制开关，就可实现红绿灯功能。

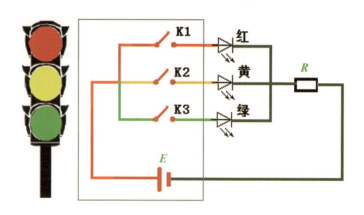

图1-14 红绿灯所需元器件及连接电路图

## 2. 红绿灯闪烁控制

手动操作实现红绿灯闪烁是不符合实际需求的。这里，我们让 Arduino 来充当闪烁控制及电源的角色：先让 Arduino 给红色 LED 支路提供电压（高电平 HIGH），等待 5s 后断电（低电平 LOW）；接着让黄色 LED 支路闪烁 4 次（每次给黄色 LED 高电平 0.5s，低电平 0.5s）；然后给绿色 LED 支路提供高电平，等待 5s 后断电；再接着让黄色 LED 闪烁 4 次，如此循环。

## 3. 实施过程

（1）利用扩展板连线：在 Arduino 扩展板（就是在保留 Arduino 板基本功能针脚的基础上另外增加一块面包板，扩展引脚的数量以方便使用）上，按图 1-15 所示电路原理连接好红、黄、绿 LED（注意正负极）和电阻（这里采用 220Ω 的色环电阻），从 D10（数字针脚 10）、D11、D12 各引出导线分别连接红、黄、绿 LED 的 + 极，如图 1-15 所示。

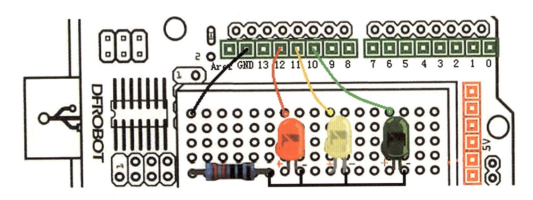

图 1-15 红绿灯的连线

（2）连接 Arduino：用 USB 线将 Arduino 板与电脑连接，注意检查 Arduino 板与电脑连接的端口号。

（3）编写 ArduBlock 程序：利用 ArduBlock 的相关模块，编写实用的红绿灯闪烁程序，如图 1-16 所示。

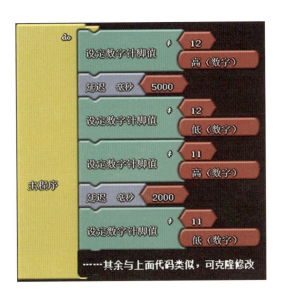

图 1-16 红绿灯闪烁程序

**注意：** 如果仅仅是实现红绿灯闪烁的程序，则只要将图1-16中的代码进行克隆并修改，即将"红灯亮5s熄灭，黄灯闪4s"克隆后改为对应的绿灯针脚，就可达到目的。但我们可考虑在此基础上进行一个改进，在程序中引入一个变量zj，并且通过判断和给变量赋值使其在10和12这两个数字间跳转（即在红灯10针脚和绿灯12针脚间跳转），使得程序代码不是简单的重复，且可以进一步缩短代码长度，同时也引入一些程序设计的知识，供阅读思考。改进后的程序如图1-17所示。

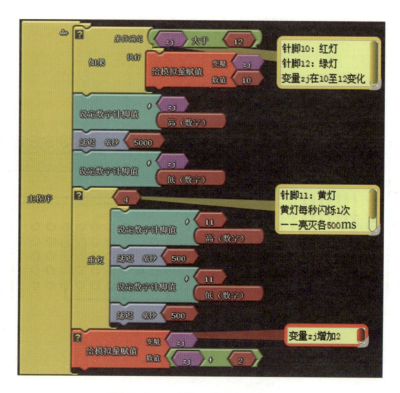

图 1-17　改进后的红绿灯程序

【思考】

如果需要把LED接到其他针脚，硬件和软件应该如何修改？

【拓展】

一、LED

LED是一种二极管，也叫发光二极管，加电后能发出不同颜色和亮度的光线，包括光谱中的紫外线和红外线。

仔细观察LED会发现，LED的针脚长度不同，长针脚为+，短针脚为-，电源给LED加电时若正负接反，则灯不会亮。

单个小功率LED，颜色不同则其要求的电压也不同。红/黄：一般为1.8～2.1V，白/绿/蓝：一般为3.0～3.6V。

二、面包板

面包板是一种可重复使用的非焊接元件，常用于制作电子线路原型或者线路设计。面包板表面是打孔的塑料，底部（下表面）有金属条与所打的孔铆接，中间设有夹片，可以实现插上即可导通（无须焊接）的作用，如图1-18所示。

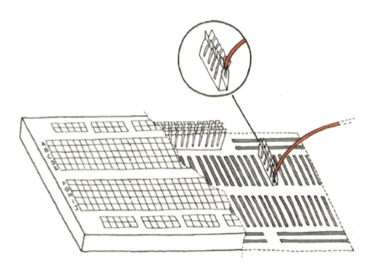

图1-18 面包板示意图

面包板内部有横向和纵向两个方向之分，其中上半部分的孔为横向连通，中间部分的孔为纵向连通，同时还需要特别注意各个块之间的连通情况，如图1-19所示。

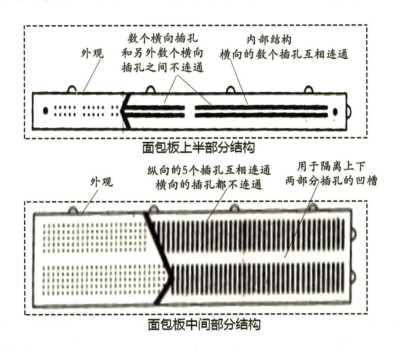

图1-19 面包板内部结构图

三、色环电阻

色环电阻是应用于各种电子设备最多的电阻类型，使用中，应正确读出其阻值。表1-4为色环电阻中各色环的含义，其中"有效数字"一栏对应于三环电阻的第1环（四环电阻的第1、2环，五环电阻的第1、2、3环），"数量级"一栏对应于三、四、五环电阻的倒数第2环，"允许偏差"一栏对应于三、四、五环电阻的倒数第1环，只有"温度关系"一栏是专指六色环电阻第6环所表达的电阻意义。据此，可以读出一个色环电阻的阻值和允许偏差等信息。

表1-4 色环电阻各环含义对照表

| 含义 | 银 | 金 | 黑 | 棕 | 红 | 橙 | 黄 | 绿 | 蓝 | 紫 | 灰 | 白 | 无 |
| --- | --- | --- | --- | --- | --- | --- | --- | --- | --- | --- | --- | --- | --- |
| 有效数字 | — | — | 0 | 1 | 2 | 3 | 4 | 5 | 6 | 7 | 8 | 9 | — |
| 数量级 | $10^{-2}$ | $10^{-1}$ | $10^0$ | $10^1$ | $10^2$ | $10^3$ | $10^4$ | $10^5$ | $10^6$ | $10^7$ | $10^8$ | $10^9$ | — |
| 允许偏差（%） | ±10 | ±5 | — | ±1 | ±2 | — | — | ±0.5 | ±0.25 | ±0.1 | ±0.05 | — | ±20 |
| 温度关系/（×10/℃） | — | — | — | 100 | 50 | 15 | 25 | — | 10 | 5 | — | 1 | — |

**例1** 有一色环电阻（共4环），如图1-20所示。第1环为棕色，表示数字1；第2环为黑色，表示数字0；第3环为红色，表示数量级100；第4环为银色，表示允许偏差±10。综合起来，电阻值为10×100，即1k，允许偏差±10%。

图1-20 色环电阻阻值的读取

**例2** 有一五环电阻，难以确定哪个是第1环，哪个是第5环。若顺读为棕、黑、黑、黄、棕，则其值为$100×10^4=10^6Ω$，误差为1%；若逆读为棕、黄、黑、黑、棕，则其值为140×1=140Ω，误差为1%。显然，按照逆读得出的电阻值和误差值，在实际生产中是不存在的。因此，判读色环电阻也要从实际出发。

在实践中，若发现色环电阻难以准确辨认，则可以用伏安法测量（测出通过电阻的电压和电流，根据欧姆定律，电阻=电压/电流），或者直接用图1-21所示万用表进行测量。

图1-21 数字式、指针式万用表

## ● 项目实施

各小组根据项目选题及拟定的项目方案，结合本节所学知识，熟悉 LED 的使用方法，并将其应用到自选项目中，增加项目的灯光效果，提高可观赏性。

# 第三节　感　光　灯

每到傍晚，路灯就自动点亮了，不仅让城市的夜晚充满了光明，而且更加节能。那么，路灯是怎样自动点亮的？

下面来了解光敏二极管，并学会制作感光灯。

## 一、光敏二极管

光敏二极管又叫光电二极管（photodiode），是一种能够将光信号转换成电流或者电压信号的光探测器。

光敏二极管的管芯是一个具有光敏特征的PN结，对光的变化非常敏感，具有单向导电性，而且光强度不同的时候会改变电学特性，因此，可以利用光照强弱来改变电路中的电流。

由于光敏二极管的单向导电性，因而连接到电路中时应注意其正负极，出厂时设定长管脚为正极，短管脚为负极。实物及元件符号如图1-22所示。

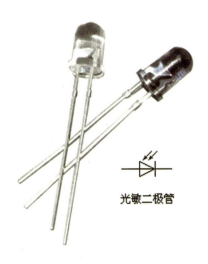

**图1-22　光敏二极管及其符号**

光敏二极管能将光能转换成电能，在电路中产生光电流。对于光敏二极管所在的电路，有光照射，电路中的电流就增大，这就等效于其所在电路中的电阻减少，因此，光敏二极管也可叫光敏电阻，其特性是光照强度越大，其电阻越小，在电路中分担的电压就越小。

## 二、简易感光灯

尽管在光敏二极管中产生的光电流只是微电流，其两端的电压变化也很微小，但只要能够捕捉到这种变化并加以利用，就可以对与光照相关的设备进行自动控制。简易感光灯就是利用这一原理实现光照控制的。

### 1. 实验原理

设计感光灯，需要两个电路，一个是灯电路（可以根据实际情况加一电阻分压），另一个是感光电路，如图 1-23 所示。

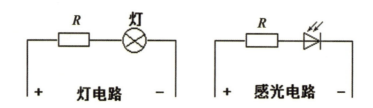

图 1-23　感光灯的两个电路

感光电路由电阻和光敏二极管构成（电阻分压，以保护光敏二极管），相当于一个光控开关，以控制灯电路的开与关。当有光照时，让灯的电路处于常关状态；当无光照或光照强度减弱到一定程度时，即光敏二极管两端的电压升高到某一临界值，便可以让灯电路自动接通。

### 2. 电路连接

作为实验，两个电路的电压我们都从 Arduino 板获取，如图 1-24 所示。

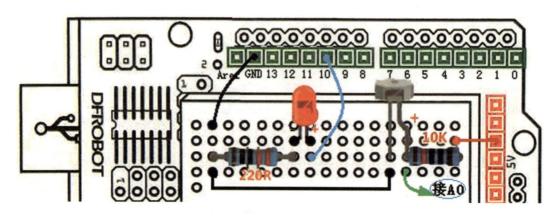

图 1-24　感光灯电路连接

LED 灯与电阻串联接在数字针脚 10 和 GND（接地）；光敏二极管与 10kΩ 电阻串联，电阻接 5V，光敏二极管负极接地，再从光敏二极管与电阻连接点引出连接线到模拟针脚 A0 作为模拟输入。

电路连接实验需要的元器件有：Arduino 板，光敏二极管 1 只，10kΩ 电阻 1 只，220Ω 电阻 1 只，LED 灯 1 只。

### 3. 编写程序

灯电路的电压从针脚 10 获取，而针脚 10 是否为高电平则由感光电路中模拟针脚 A0 的值决定。若针脚 A0 的电压模拟值大于 1017，则设定数字针脚 10 为高电平；否则设定数字针脚 10 为低电平。参考程序如图 1-25 所示。

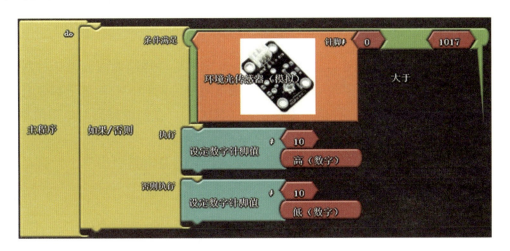

图 1-25  感光灯 ArduBlock 程序

**注意**：程序中的"针脚 0"是指模拟针脚 A0；当光电二极管被完全挡光时，从 A0 针脚获得的电压模拟值为 1023（5V），而有光照射时约为 1015 或更小，故 1017 是设定的一个临界值（这个数值可通过测试调整，模拟值与电压的映射关系为 1023 → 5V，0 → 0V）。

## ● 探究活动

【实验】

将程序下载到 Arduino，用手遮挡光敏二极管周围的光线，看看 LED 灯是怎样亮灭的？若将 1017 改为 1012 或 1022 会发生什么现象？

## 三、传感器的制作

有关电子类的产品常常是通过获取输入信号来控制输出，而输入信号则需要通过各种传感器来获取。下面介绍环境光传感器和温度传感器的制作。

### 1. 环境光传感器

环境光传感器，实际上就是上例中感光电路的变形。只要将整个感光电路包装成一体，并引出三个针脚，就是一个环境光传感器，如图 1-26 所示。

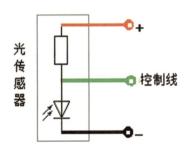

图 1-26  环境光传感器的电路结构

## 2. 温度传感器

温度传感器也可以根据类似的方法进行制作。

### 1）温敏电阻

温敏电阻也叫热敏电阻，如图1-27所示，其由半导体材料烧结而成，是一种对温度敏感的元件，在不同的温度下会表现出不同的电阻值。温敏电阻分为两种，一种是正温敏电阻（PTC），电阻值随温度的升高而增大；另一种是负温敏电阻（NTC），在温度越高时电阻值越低。

### 2）感温电路

感温电路由一个温敏电阻和一个普通电阻构成，若从感温电路引出三个针脚，就可以成为一个温度传感器，如图1-28所示。

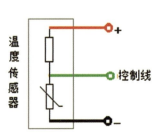

图1-27　热敏电阻实物图　　　　图1-28　温度传感器的电路结构

### 3）几种常见的温度传感器

温度传感器按用途和其探头的不同样式，可分为探针式、螺栓式、密封罐式几种类型，实验用的温度传感器常常用LM35，如图1-29所示。

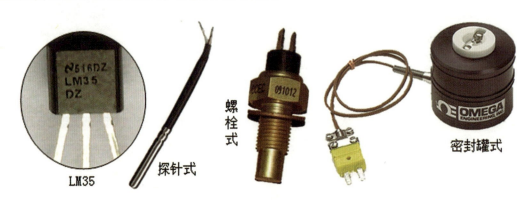

图1-29　温度传感器的类型

除了环境光传感器、温度传感器外，还有各种用来获取输入信号的传感器，如压力传感器、pH传感器、氧气传感器等。各种传感器的设计制作都是根据其感知元件的基本功能展开的，这些感知元件包括热敏元件、光敏元件、气敏元件、力敏元件、磁敏元件、湿敏元件、声敏元件、放射线敏感元件、色敏元件和味敏元件十大类。传感器的存在和发展，让物理世界中的物体有了触觉、味觉和嗅觉等感官。

**【调查】**

利用网络搜索常用的传感器，查看其参数和使用方法，判断并选择其是否符合自选项目中的要求，并根据调查结果选择合适的传感器。

## ● 项目实施

各小组根据项目选题及拟定的项目方案，结合本节所学知识，选择合适的传感器，将其应用到自选项目中，进行 Arduino 的传感器小实验。

## 第四节　蜂鸣器——报警器

用一些简单的元器件制作报警器和电子琴，也是一种好玩的创客实验，下面通过简单实例来介绍蜂鸣器的应用。

### 一、蜂鸣器

蜂鸣器是一种一体化结构的电子讯响器，采用直流电压供电，作为发声器件，广泛应用于计算机、打印机、复印机、电子玩具、汽车电子设备、电话机、定时器等电子产品中。

#### 1. 蜂鸣器的结构类型

蜂鸣器有压电式蜂鸣器和电磁式蜂鸣器两种，在电路中用字母"H"或"HA"表示。压电式蜂鸣器主要由多谐振荡器、压电蜂鸣片、阻抗匹配器及共鸣箱、外壳等组成；电磁式蜂鸣器由振荡器、电磁线圈、铁芯、振动膜片及外壳等组成。

市面上常见的蜂鸣器属于电磁式蜂鸣器，又分有源蜂鸣器和无源蜂鸣器（见图 1-30）两种。有源蜂鸣器的"源"不是指电源，而是指振荡源，其内部比无源蜂鸣器多加了一个振荡电路，只要给它通上电就会产生振荡而发出声音；无源蜂鸣器和电磁扬声器类似，直接加电无法令其鸣叫，必须用 2k～5k 的方波或音频信号才能使其发声。无源蜂鸣器比有源蜂鸣器便宜，且发声频率可控。

图 1-30　无源蜂鸣器

#### 2. 自制简易蜂鸣器

我们可以按照图 1-31 所示设计制作一个简易蜂鸣器。

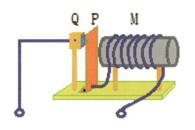

图 1-31　简易蜂鸣器设计图

（1）制作电磁铁 M：准备 3～5cm 的铁螺栓作为铁芯；用细铜线在铁芯上绕 100 匝构成线圈；线圈两端各留出 5cm 作引线；用透明胶布把线圈粘好，并将线圈和铁芯固定在木架上。

（2）制作簧片 P：从罐头盒上剪下一条宽约 2cm 的长铁片，弯成直角；把电磁铁的一条引线接在簧片上；再用胶布或螺钉把簧片固定在木板上。

（3）制作触头 Q：用曲别针作为触头，将其固定在木柱上，使其一端与簧片 P 能恰好接触，另一端引出一条导线。

调节 Q、P、M 三者之间的距离，使电磁铁能吸住簧片。通电后，通过电磁铁的吸、放动作使簧片振动，从而产生蜂鸣声。

### 3. 蜂鸣器实验

无源蜂鸣器加电后并不能发声，必须加上周期性变化的信号，或加上音频信号。在 Arduino 中可用发音函数 tone() 驱动无源蜂鸣器发声。

发音函数中有三个参数，即 tone( 针脚、频率、时间 )，其中时间单位为 ms。

ArduBlock 中的发音模块位于"针脚"类模块中，有三种形式，如图 1-32 所示。

图 1-32　ArduBlock 中的发音模块

其中的 noTone 表示停止发声。

## ● 探究活动

【实践】

根据本节内容，尝试设计并制作一个简易蜂鸣器，然后进行模拟实验。

## 二、简易报警器

简易报警器是报警应用中的基本元件，与光线传感器结合可用于防盗报警（通过如室内、车内等的挡光变化触发），与温度传感器结合可用于防火或防高温报警（通过临界温度触发）。

1. 简易报警器实验电路

简易报警器所用实验器材包括 LED、蜂鸣器（H）、Arduino 板及若干导线，其实验电路连接如图 1-33 所示。

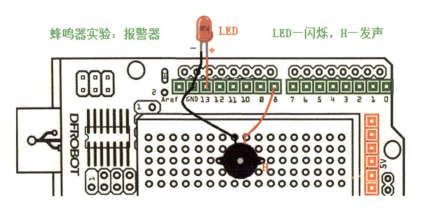

图 1-33　简易报警器实验电路连接

2. 简易报警器程序

设计简易报警器程序，需考虑发声频率的变化和灯光的闪烁，通过声光引起警觉或产生震慑。其 ArduBlock 程序如图 1-34 所示。

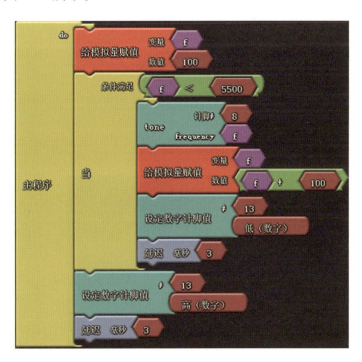

图 1-34　简易报警器程序

**注意**：声音频率在 100～5500Hz 快速循环；灯光每隔 3ms 闪烁一次。

【思考】

如在此基础上制作感光报警器或感温报警器，还需要哪些元器件？系统该如何设计？请在上例的基础上进行拓展并实验。

## 三、简易警报器

生活中经常会听到警报,下面来了解警报的常识及警报器的制作。

### 1. 警报常识

警报是报警的通知或信号,提醒人们将有危险到来。

和平时期的警报一般称为防空警报演示,目的在于提醒,其主要作用包括:一是为悼念曾经遭到屠杀的人们或在空袭中遇难的人们;二是检验人们的防空意识;三是进行国防教育。

防空警报分为空袭警报、紧急警报和解除警报三种,每种信号时间3min。

空袭警报:在可能遭受空袭威胁时鸣响。空袭警报为响36s、停24s,反复循环。

紧急警报:在将要或已经遭受空袭时鸣响。紧急警报为响6s、停6s,反复循环。

解除警报:在一轮空袭已经结束并且短时间内不会遭受下一轮空袭时鸣响。解除警报为连续长响。

### 2. 简易警报器的制作

警报不可以乱鸣,鸣放之前必须向人们做出预告,以免造成社会恐慌。当然,若真遇到危害人们安全的紧急情况,则必须做出及时反应。因此,了解警报及警报器知识,学会制作简易警报器,也是很有必要的。

用蜂鸣器进行警报器实验,程序设计中要考虑以下情况。

(1)声音从低音到高音不断升高,频率范围可以设置为600~1800Hz。

(2)在高音部分保持时间,实验时可设置为8s。

(3)声音从高音到低音不断降低,频率范围可设置为1800~600Hz。

(4)声音停止时间,实验时可设置为2s。

(5)如此循环。简易警报器程序如图1-35所示。

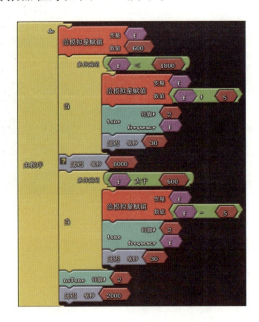

图1-35 简易警报器程序

**【实验】**

观察每年 9 月 18 日警报的鸣放规律，试用 Arduino 设备进行模拟演示。

● **项目实施**

各小组根据项目选题及拟定的项目方案，结合本节所学知识，将蜂鸣器等声音设备应用到自选项目中，增强项目的交互性。

## 第五节 触摸电子琴

通过前面课程的学习，我们对 ArduBlock 程序设计已经比较熟悉了，对 Arduino IDE 代码也有所了解，如 tone(ledPin,400,10); digitalWrite(13,HIGH); delay(500) 以及 void setup()、void loop () 等。下面将深入了解 Arduino 板的知识，并尝试用 Arduino IDE 进行程序设计，将其应用于触摸传感器实验，开发触摸电子琴作品。

### 一、触摸传感器

常见的 Arduino 板上都有 14 个数字输入 / 输出引脚，还有 6 个模拟输入 / 输出引脚，既可以发出模拟信号，也可以接收模拟信号。

1. 模拟信号的产生

模拟信号与数字信号不同。数字信号只有两个值：高电平（HIGH）和低电平（LOW），在计算机上表现为 1 和 0；模拟信号则是一种连续信号，信息参数在给定范围内表现为连续的变化，而非突变。

模拟信号一般是通过电路中电压的变化所产生的，前面用到的光线传感器、温度传感器就是一种电压变化的模拟信号。当光线照射光电二极管时，光电二极管两端的电压就会发生变化，光照越强，电压变化就越大。

实际上，几乎所有传感器的检测值都是通过将相关电路转换成电压值，再输入对应的模拟端口成为模拟信号。也就是说，模拟信号的产生源于电路中电压的改变。

改变电路中电压的方法很多，如改变电路中的电阻、电容、电感等，其中最简便易行的方法是改变电容，只需要用手指触摸电路中的某点就可实现，这相当于在电路中并联了一个人体电容（注意，这种操作只能在弱电电路中进行，在 36V 以上的强电电路中，千万不要以身犯险）。当人体电容与原电路并联后，电路中的容抗就会发生变化，从而使得触摸点的电位发生变化，如图 1-36 所示。常用的触摸传感器就是根据这一原理制作的。

2. 触摸传感器实验

下面根据触摸会引起电路电压变化的原理，构造一个简单原始的触摸传感器：在某一数字针脚上连一根导线，手指触摸这根导线的裸露端，把触摸信号传送给 Arduino，让 Arduino 事先把该数字端口设成低电位，并打开 Arduino 的内部上拉电阻，当接收到触摸信号后，逐渐上拉到高电位,获取上拉到高电位所用的时间(这个时间与该端口的对地电容值 $C_x$ 有关,电容越大,时间越长)。反过来可根据这个上拉时间的大小来判断某一数字针脚是否被触摸。

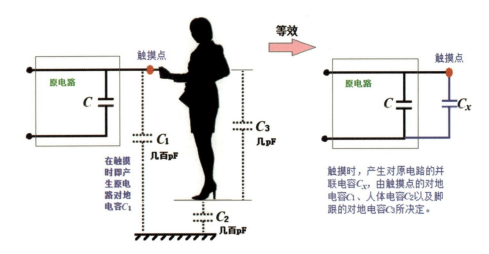

图 1-36 人体触摸对电路的影响

**实验目的:**

当用手指触摸接在 2 号针脚的导线裸露端时,点亮接在 13 号针脚的 LED,同时让接在 12 号针脚的蜂鸣器发声;而当手指离开后,LED 熄灭。

**实验程序设计:**

具体的 Arduino IDE 程序分以下两部分。

第一部分:主程序。

设置 12、13 针脚为输出;读取 2 号针脚的上拉电位时间,若大于 2(表示有触摸,排除了空气电容等偶然因素产生的极短时间),则点亮 LED 并使蜂鸣器 H 发声,否则灯灭。

```
void setup(){
  pinMode(12, OUTPUT);              // 设置 12 针脚为输出模式
  pinMode(13, OUTPUT); }            // 设置 13 针脚为输出模式
void loop (){
  int capt = readCapacitivePin(2);  // 读取 2 号针脚的上拉电位时间
  if (capt > 2) {                   // 若上拉时间大于 2 则点亮 LED,发声
    tone(12,400,200);               // 输出 400Hz 音频到针脚 12,延迟 200ms
    digitalWrite(13,HIGH);          // 写入数字针脚 13,高电平
    delay(500); }                   // 延时 500ms
  else{digitalWrite(13,LOW); }      // 否则写入数字针脚 13,低电平
}
```

第二部分:读取上拉电位时间函数。

在上述程序中,有一个读取某一针脚的上拉电位时间函数 readCapacitivePin( 针脚数 ),其程序代码比较难以理解,使用中可直接引用(具体的程序代码请阅读拓展内容)。

**注意:** 为了增加触摸的灵敏度,可以在导线裸露端连一片锡箔以增大接触面;为防止手上静电击穿 Arduino 芯片,可以在锡箔上盖一层薄纸。

## ● 探究活动

【实践】

尝试构造一个触摸传感器，并进行测试。

## 二、触摸电子琴

根据上面的触摸传感器实验，我们可以用 Arduino 制作一个触摸电子琴。

### 1. 制作触摸键盘

触摸电子琴键盘及电路连接，如图 1-37 所示。

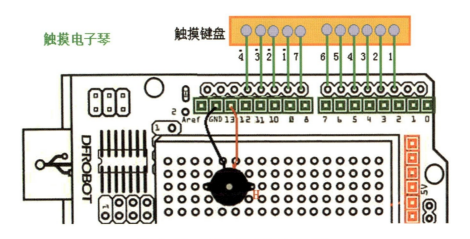

图 1-37　触摸电子琴键盘及电路

（1）蜂鸣器正极连接数字针脚 13，负极连接 GND。

（2）中音 1、2、3、4、5、6、7 号导线分别连数字针脚 2、3、4、5、6、7、8，高音 1、2、3、4 号导线连数字针脚 9、10、11、12。

（3）每根导线都互相分隔，裸露端都制作成金属片并固定好，作为琴键。

### 2. 编写琴键程序

当手指触摸到导线的裸露端（琴键）时，人体电容给了 Arduino 一个上拉电位刺激，相当于产生了一个触摸信号；利用 tone 函数，把从不同针脚读入的信号，通过不同频率而使蜂鸣器发出不同的音调，从而构成触摸电子琴。

因此，程序的关键代码就是，从数字针脚 2～12 获得触摸信号，通过 tone 函数转换为相应的音高。具体的 Arduino IDE 程序如下：

```
int capval1,capval2,capval3,capval4,capval5,capval6;
int capval7,capval8,capval9,capval10,capval11, ledPin=13;
void setup(){pinMode(ledPin, OUTPUT); }
void loop (){
digitalWrite(ledPin,LOW);
capval1 = readCapacitivePin(2); // 读取 2 号针脚的上拉电位时间
```

```
  capval2 = readCapacitivePin(3);
  capval3 = readCapacitivePin(4);
  capval4 = readCapacitivePin(5);
  capval5 = readCapacitivePin(6);
  capval6 = readCapacitivePin(7);
  capval7 = readCapacitivePin(8);
  capval8 = readCapacitivePin(9);
  capval9 = readCapacitivePin(10);
  capval10 = readCapacitivePin(11);
  capval11 = readCapacitivePin(12);
  if (capval1 > 2) { tone(ledPin,262,10); }   // 中音 1
  if (capval2 > 2) { tone(ledPin,294,10); }   // 中音 2
  if (capval3 > 2) { tone(ledPin,330,10); }   // 中音 3
  if (capval4 > 2) { tone(ledPin,349,10); }   // 中音 4
  if (capval5 > 2) { tone(ledPin,392,10); }   // 中音 5
  if (capval6 > 2) { tone(ledPin,440,10); }   // 中音 6
  if (capval7 > 2) { tone(ledPin,494,10); }   // 中音 7
  if (capval8 > 2) { tone(ledPin,525,10); }   // 高音 1
  if (capval9 > 2) { tone(ledPin,557,10); }   // 高音 2
  if (capval10 > 2) { tone(ledPin,592,10); }  // 高音 3
  if (capval11 > 2) { tone(ledPin,620,10); }  // 高音 4
}
```

其中读取上拉电位的电容时间函数 readCapacitivePin(int pinToMeasure) 与触摸传感器实验中的函数一样，可直接引用。

调试：将程序上传到 Arduino，试一试触摸电子琴是否可以正常使用。

### 【实验】

设计触摸电子琴实验方案，制作电子琴装置，并进行测试。

## 三、编写乐曲程序

利用 tone 函数及蜂鸣器的发音频率，可以让 Arduino 弹奏出乐曲。表 1-5 为蜂鸣器发音的参考频率。

表 1-5  蜂鸣器的音阶与频率

| 音阶 | 1 | 2 | 3 | 4 | 5 | 6 | 7 | 高音 1 |
|---|---|---|---|---|---|---|---|---|
| 频率 | 262 | 294 | 330 | 349 | 392 | 440 | 494 | 525 |

编写乐曲程序比较简单，涉及的语句不多，只需用到 tone 函数、noTone 函数和延迟函数。tone 函数用于指定频率的发音，延迟函数用于节拍，noTone 函数用于休止、停顿。也就是说，只要按照乐曲的进程，灵活运用这三个函数，按顺序写出对应代码，就可让 Arduino 弹奏出乐曲。图 1-38 所示就是《两只老虎》的 ArduBlock 程序，其中的重复乐句用了循环语句以减少代码数

量（Arduino IDE 源代码请阅读拓展中的资料）。

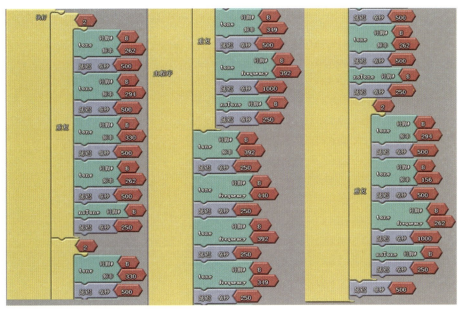

图 1-38 《两只老虎》的 ArduBlock 程序

调试：将编写的乐曲程序上传到 Arduino，听一听发声是否正常。

【实验】

根据课程内容学会编写简单的乐曲程序，并进行实验测试。

【拓展】

一、读取上拉电位时间函数 readCapacitivePin

首先将 Arduino 数字针脚转换为 AVR 引脚（AVR 是挪威 Atmel 公司 1997 年推出的 RISC 单片机，RISC 是精简指令系统计算机；Arduino 的核心就是 AVR），然后设置对应引脚为低电位，再从低电位开始给该引脚一个上拉输入，最后，获得该引脚上拉到高电平值要经历的时间，并将此时间 cycles 作为函数的返回值。

```
uint8_t readCapacitivePin(int pinToMeasure) {
  // uint8_t，表示无符号 8 位（1 字节）数；int8_t，表示有符号 8 位数
  volatile uint8_t* port;  volatile uint8_t* ddr;  volatile uint8_t* pin;
  // 将针脚号从 Arduino 转换为 AVR 的 port、pin、ddr，及存储位
  byte bitmask;
  port = portOutputRegister(digitalPinToPort(pinToMeasure));
  ddr = portModeRegister(digitalPinToPort(pinToMeasure));
  bitmask = digitalPinToBitMask(pinToMeasure);
  pin = portInputRegister(digitalPinToPort(pinToMeasure));
  // 先设置该引脚为低电平，输出
  *port &= ~(bitmask);// & 表示按位与运算，~ 表示按位非运算
  *ddr |= bitmask;    // | 表示按位或运算
  delay(1);
  // 给该引脚一个内部上拉输入
```

```
  *ddr &= ~(bitmask);   *port |= bitmask;
  // 现在看看该引脚到获得上拉高电平值要多久
  uint8_t cycles = 17;
  if (*pin & bitmask) { cycles = 0;}
  else if (*pin & bitmask) { cycles = 1;}
  else if (*pin & bitmask) { cycles = 2;}
  else if (*pin & bitmask) { cycles = 3;}
  else if (*pin & bitmask) { cycles = 4;}
  else if (*pin & bitmask) { cycles = 5;}
  else if (*pin & bitmask) { cycles = 6;}
  else if (*pin & bitmask) { cycles = 7;}
  else if (*pin & bitmask) { cycles = 8;}
  else if (*pin & bitmask) { cycles = 9;}
  else if (*pin & bitmask) { cycles = 10;}
  else if (*pin & bitmask) { cycles = 11;}
  else if (*pin & bitmask) { cycles = 12;}
  else if (*pin & bitmask) { cycles = 13;}
  else if (*pin & bitmask) { cycles = 14;}
  else if (*pin & bitmask) { cycles = 15;}
  else if (*pin & bitmask) { cycles = 16;}
  // 再次设置该引脚为低电平输出，触摸多个引脚电荷会在引脚间转移。
  // 若在潮湿天气，可把这两条指令删除，否则会产生啸叫
  *port &= ~(bitmask);   *ddr |= bitmask;
  return cycles;
}
```

## 二、《两只老虎》乐曲程序

```
int i;
void loop()
{ for (i=0; i< 2; ++i )
  { tone(8, 262);  delay( 500 );
   tone(8, 294);  delay( 500 );  tone(8, 330);
   delay( 500 );  tone(8, 262);  delay( 500 );
   noTone(8);  delay( 250 );  }
 for (i=0; i< 2; ++i )
  { tone(8, 330);  delay( 500 );
   tone(8, 349);  delay( 500 );  tone(8, 392);
   delay( 1000 );  noTone(8);  delay( 250 );  }
tone(8, 392);delay( 250 );tone(8, 440);delay( 250 );
tone(8, 392);delay( 250 );tone(8, 349);delay( 250 );
tone(8, 330);delay( 500 );tone(8, 262);delay( 500 );
noTone(8);delay( 250 );
 for (i=0; i< 2; ++i )
  { tone(8, 294);  delay( 500 );
```

```
tone(8, 156);  delay( 500 );  tone(8, 262);
delay( 1000 );  noTone(8);  delay( 250 );  }
delay( 500 );
}
```

## ● 项目实施

各小组根据项目选题及拟定的项目方案，结合本节所学知识，熟悉触摸传感器的使用方法，尝试在自选项目中加入音乐元素，增强项目的艺术性和交互性。

## ● 成果交流

各小组运用数字可视化工具，将所完成的项目成果在小组和全班中或在网络上进行展示与交流，共享项目成果、分享创造快乐。

## ● 活动评价

各小组根据项目选题、拟定的项目方案、实施情况以及所形成的项目成果，根据本书附录2的"项目活动评价表"，开展项目学习活动评价。

## 本章扼要回顾

通过本章学习，同学们根据"开源硬件设计"知识结构图，扼要回顾、总结、归纳本章学过的内容，建立自己的知识结构体系。

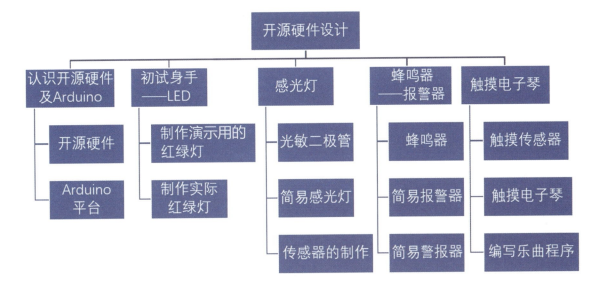

## 回顾与总结

# 第二章
## 科学实验

在物理、化学、生物等科学实验中，传统的方法和陈旧的器材，常常使实验结果不尽如人意，会产生较大的实验误差。现在，应用 Arduino 来开展科学实验，使用各种各样的传感器，如光传感器、温度传感器、压力传感器、pH 传感器、氧气传感器等，不仅变换了器材，改进了方法，而且使得实验误差大为减少，实验结果更加精确。

本章将通过"用 Arduino 测算地球质量"项目，进行自主、协作、探究学习，通过对物体速度、单摆周期、重力加速度的测定和中和热化学反应测量等科学实验，让同学们了解 Arduino 各传感器的多种用法及其在科学实验中的实际应用，从而将知识建构、技能培养与思维发展融入运用数字化工具解决问题和完成任务的过程中，促进创新素养达成，完成项目学习目标。

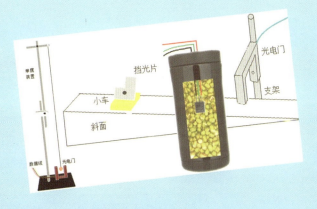

◎ 用光电门测物体速度
◎ 用光电门测单摆周期
◎ 测重力加速度
◎ 传感器与生物、化学实验
◎ 测算地球质量

# 项目范例：用 Arduino 测算地球质量

● 情境

人类对于自己所生存的星球的探索自古以来都未曾停歇，古希腊的埃拉托斯特尼用巧妙的方法测量了地球的半径，但人们对地球有多重这个问题却在很长时间内没有取得任何进展。17 世纪，牛顿的万有引力定律的诞生，为我们测量地球质量带来了希望，但地球上物体之间的万有引力太微弱了，根本无法准确计算出引力常数 G 的大小。18 世纪末，卡文迪许设计的扭秤实验最终解决了这个问题并测得了地球的质量。作为 21 世纪的学生，我们能够借助 Arduino 设计一个实验来计算地球质量吗？

● 主题

用 Arduino 测算地球质量。

● 规划

根据项目范例的主题，在小组中组织讨论，利用思维导图工具，制订项目学习规划，如图 2-1 所示。

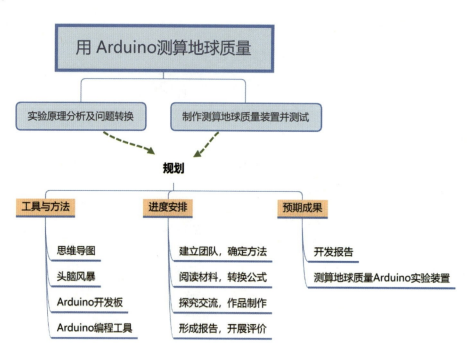

图 2-1 "用 Arduino 测算地球质量"项目学习规划

● 探究

根据项目学习规划的安排，通过调查和案例分析，阅读文献或在网上搜索资料，开展"用

Arduino 测算地球质量"项目学习探究活动，如表 2-1 所示。

表 2-1 "用 Arduino 测算地球质量"项目学习探究活动

| 探究活动 | 学习内容 | 知识技能 |
| --- | --- | --- |
| 用光电门测物体速度 | 光电门的设计和制作 | 了解光电门的制作及物体速度的测量方法 |
| 用光电门测单摆周期 | 光电门的使用 | 学会利用光电门测量单摆周期及重力加速度的方法 |
| 传感器与生物、化学实验 | 传感器在生物、化学领域的实验和应用 | 体验利用 Arduino 进行生物、化学实验探究的过程，初步了解传感器在生物、化学等领域的应用 |
| 测算地球质量 | 地球质量测算方法 | 了解测算地球质量的方法 |
| | 地球质量测算实验 | 体验利用 Arduino 进行科学实验探究的过程，并掌握实验测算地球质量的过程和方法 |

● 实践

实施项目学习探究活动，了解测算地球质量的方法，通过将测算地球质量的要素转换为能够用 Arduino 进行测算的方式进行实验，制作相关测算实验装置，模拟解决测算地球质量的问题。

● 成果

在小组开展项目范例学习的过程中，利用思维导图梳理小组成员在"头脑风暴"等活动中的观点和意见，记录探究过程和结果，运用"写得"等数字化学习工具综合加工和表达，形成项目范例可视化学习成果，如"用 Arduino 测算地球质量"可视化报告和实验装置（目录截图如图 2-2 所示），并通过各种途径和平台进行分享。

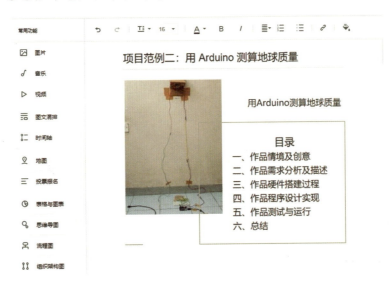

图 2-2 "用 Arduino 测算地球质量"可视化报告目录截图

● 评价

根据本书附录2的"项目活动评价表",对项目范例的学习过程和学习成果在小组和班级上进行交流,开展项目学习活动评价。

● 项目选题

请同学们以3～6人组成一个小组,选择下面一个参考主题,或者自拟一个感兴趣的主题,开展项目学习。

(1) 用Arduino重现经典物理实验。
(2) 用Arduino测量化学实验数据。
(3) 用Arduino进行生物实验或其他科学实验。

● 项目规划

各小组根据项目选题,参照项目范例的样式,利用思维导图工具,制定相应的项目方案。

● 方案交流

各小组将完成的方案在全班中进行展示交流,师生共同探讨,完善相应的项目方案。

# 第一节　用光电门测物体速度

研究物体的运动,必然需要测定物体的速度、加速度,而速度、加速度的测定往往通过多次测量物体发生某一位移所用的时间来实现。本节将学习如何制作光电门,并应用光电门来测定物体的速度。

## 一、制作光电门

光电门的核心是感光电路,感光电路中的关键元件是光电二极管。为了使得测量不受环境光的限制,光电门由感光电路和专用光源电路构成,如图2-3所示。

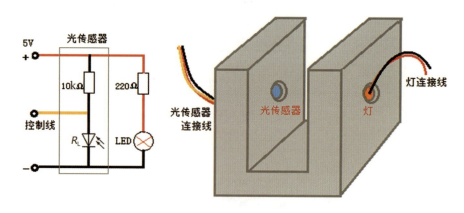

图2-3　光电门电路及其结构

制作与测试如下。

（1）用木头或塑胶板或泡沫制作成如图2-3所示的门框。

（2）在两门框中部对开小孔，小孔直径以能容纳灯和光传感器为限。

（3）在左框孔中放置光传感器，让光电二极管与右框小孔相对。

（4）在右框小孔中放置小灯，并让灯光能照射到相对的光电二极管。

（5）连线测试，观察并测量在照射与挡光的不同情况下，光电二极管两端的电压是如何变化的，变化范围有多大。

## 探究活动

【实践】

利用常见材料，动手制作一个光电门，并验证其可行性，记录照射与挡光等不同情况下的电压变化情况。

## 二、测定物体的速度

由物理知识可知，物体的速度由通过某一位移所经历的时间所决定，即 $v=s/t$。注意：① 速度 $v$ 属于平均速度而非瞬时速度，只有当时间 $t$ 足够短时，平均速度才趋向于瞬时速度；② 当物体做匀变速直线运动时，中间时刻的瞬时速度等于其平均速度。

利用光电门，可以准确地测定物体发生某一很小位移所用的时间，因而这样测定的速度可以近似地看作物体经过光电门时的瞬时速度。

下面以光电门为例，进行物体速度的测量实验。

### 1. 实验器材

实验所用器材包括 Arduino、光电门、小车、挡光片、力学轨道及其他附件。

### 2. 实验调试

（1）事先准备或制作好如图2-4所示的挡光片，挡光片的尺寸分别为2cm、4cm、6cm、8cm。

（2）将光电门固定在支架上，与Arduino板连好数据线，如图2-5所示。

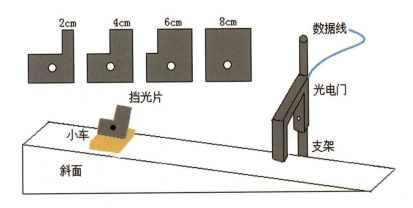

图 2-4　测物体速度实验装置

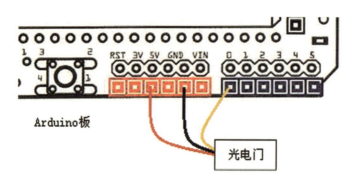

图 2-5 光电门与 Arduino 板的连接

（3）按图 2-4 所示构造斜面，将挡光片安装在小车上，然后从斜面顶端释放小车，让小车上的挡光片从光电门中间无接触通过。

### 3. 编写程序

本实验的目的是要测定小车从斜面顶端释放后经过光电门时的瞬时速度。为使测定的速度值尽量接近真实值，采取以下措施。

（1）让小车从斜面顶端同一位置释放，以确保每次经过光电门的速度相同。

（2）准确测定挡光时间，即挡光开始时刻与挡光结束时刻的时间差。

（3）将 2cm、4cm、6cm、8cm 的挡光片分别安装在小车上，然后释放，分别记录 4 次经过光电门的挡光时间，求出 4 次的速度，再取平均值。

为了准确测定挡光时间，需要设置 2 个变量并初始化为 0，即开始时刻 $t_1$，结束时刻 $t_2$。挡光开始（即 $t_1=0$）时，将对应时刻（上电运行时间）存入 $t_1$，挡光结束（即 $t_2=0$ 且 $t_1>0$）时，将对应时刻（新的上电运行时间）存入 $t_2$，挡光时间为 $t=t_2-t_1$，通过串口输出 $t$ 的值（通过 Arduino IDE 的"工具"→"串口监视器"查看，延迟 2s 以便能够看清楚数据）。具体的测量程序（ArduBlock）如图 2-6 所示。

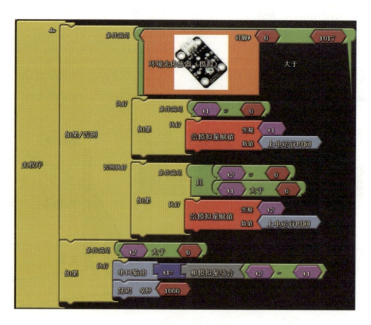

图 2-6 挡光时间测量程序

## 4. 数据处理

将4次测量数据记入表2-2中，算出每次的速度，并最终求出平均速度。

表 2-2　物体瞬时速度测量记录

| 序号 | $s$(mm) | $t$(ms) | $v$(m/s) | 平均速度 $v$(m/s) |
|---|---|---|---|---|
| 1 | 20 | | | |
| 2 | 40 | | | |
| 3 | 60 | | | |
| 4 | 80 | | | |

注：因挡光时间为 ms（毫秒），故将挡光片长度单位转换为 mm（毫米）。

### 【实践】

1. 你认为光电门还可以应用在其他哪些方面？请举例说明。
2. 根据课程内容自制光电门，并对照课程实例进行实验测试。

### 【拓展】

测定挡光时间的 Arduino 参考程序：

```
int t2;
int t1;
void setup()
{t2 = 0;
t1 = 0;
Serial.begin(9600);}
void loop()
{if (analogRead(A0) > 1017)
{ if (t1 == 0)
   {   t1 = millis() ;  }}
else
{  if (t2 == 0  && t1 >0)
   {   t2 = millis() ;  }}
if (t2 > 0)
{Serial.print( "t=" );
Serial.print( ( t2 - t1 ) );
Serial.println("");
delay( 1000 );}
}
```

## ● 项目实施

各小组根据项目选题及拟定的项目方案，结合本节所学知识，熟悉光传感器和光电门的使用方法，尝试在自选项目中加入光传感器的应用，并开展项目实践。

# 第二节 用光电门测单摆周期

单摆是一种简单的实验装置,通过它可以简单地测定单摆的周期,进而测算出当地的重力加速度。

## 一、测算单摆周期

测算单摆周期,典型的方法有两种,一是用秒表测量,二是用光电门测量。用秒表测量周期的做法是测单摆做50次全振动的时间后求平均值,与用光电门测量周期的方法相比较,既原始,又容易产生测量误差。在此,我们可以利用开源硬件相关设备对周期进行更精确的测量,比如利用光电门结合Arduino进行测量实验。

### 1. 实验器材

实验所用器材包括光电门、单摆装置、Arduino板等。

### 2. 实验过程

(1)按图2-7所示装置构造单摆。
(2)安装光电门,并将数据线与Arduino板相连。
(3)将单摆摆动起来,让摆球从光电门中间无接触通过。
(4)开启Arduino测量程序,读取单摆周期。

### 3. 周期测算程序的编写

由于单摆的摆球有一定的大小,摆球通过位于平衡位置的光电门时,有较短的挡光时间,而单摆的周期为完成一次全振动的时间,即摆球从第1次到第3次通过平衡位置的时间,因而必须采取以下措施。

(1)记下摆球第1次经过平衡位置挡光的时刻$t_1$(将"上电运行时间"赋值给$t_1$)。

图2-7 单摆装置

(2)设置经过平衡位置的次数变量$n$,初始值为0,当摆球每经过一次平衡位置,将$n$的值增加1,以便当摆球第$n$次经过平衡位置时,能够准确记下其挡光时刻$t_2$(再将"上电运行时间"赋值给$t_2$)。这样,周期$T = 2 \times (t_2 - t_1) / (n - 1)$。

(3)为避免因挡光时间产生的$n$误读,设定延迟时间为0.3s(可根据摆长的长度而改变,如摆长为100cm,则可设定延迟时间为0.5s或1s)。

具体的单摆周期测算程序如图2-8所示。

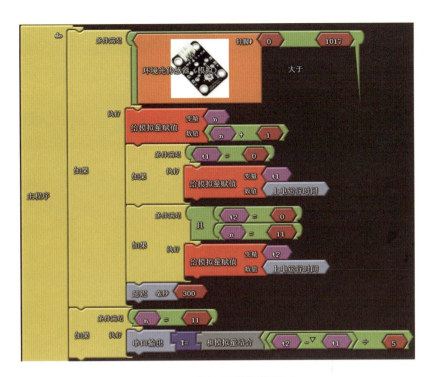

图 2-8 单摆周期测算程序

**注意**：程序中的变量 $n$ 用来记录挡光次数，即摆球通过平衡位置的次数，当 $n=11$ 时，说明单摆已经完成了 5 次全振动，其周期就应为 $T=(t_2-t_1)/5$。

4. 数据分析

取 50cm、60cm、70cm、80cm、90cm、100cm 6 个不同摆长，将每个摆长下所测出的单摆周期 $T$ 填入表 2-3 中，并通过数据分析得出单摆周期与摆长之间的关系。

表 2-3 不同摆长下的周期测算表

| 序号 | 摆长（cm） | 周期（s） | 结 论 |
| --- | --- | --- | --- |
| 1 | 50 | | |
| 2 | 60 | | |
| 3 | 70 | | |
| 4 | 80 | | |
| 5 | 90 | | |
| 6 | 100 | | |

## 探究活动

【实验】

分别利用秒表和光电门对同一单摆进行周期测算，分析实验数据，比较其误差大小。

## 二、测算重力加速度

### 1. 单摆周期公式的推导

物体做简谐运动时,其回复力与位移成正比,即 $F=ma=-kx$,而单摆的回复力为 $F=mg\sin\alpha$,当 $\alpha$ 很小时,$\sin\alpha \approx \alpha \approx x/l$,单摆可视为简谐运动,即 $F=-mgx/l$,所以,单摆周期 $T$ 可由此确定,如图 2-9 所示。

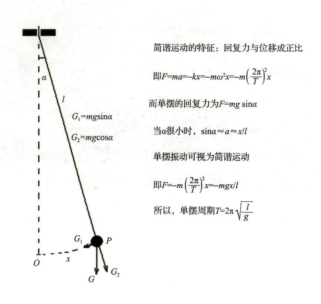

**图 2-9 单摆周期公式的推导**

### 2. 用单摆周期推算重力加速度

由单摆的周期公式可知:

$$g = 4\pi^2 l / T^2$$

显然,若要测算当地的重力加速度,则需要测出单摆的摆长和周期,并且要满足摆角 $\alpha$ 很小(小于 10°)和摆球直径不大(小于 3cm)的条件。

为使测算比较准确,实验中,常常采取以下措施。

(1)采用直径为 2.2cm 的小钢球,以减少空气阻力的影响。

(2)为便于计算,同时也使得摆角 $\alpha$ 在小于 10° 时仍然有一定的摆幅,摆线约取 99cm,使得摆长 $L$= 摆线长 $L_1$+ 摆球半径 $r$ 恰好为 100cm(即 1m)。

(3)为使周期测算尽量准确,一般测 20 次全振动时间,即测摆球第 1 次经过平衡位置和第 41 次经过平衡位置的时间差,再求单摆的平均周期 $T$。

**【实践】**

根据课程内容,利用光电门进行实际测试,测算当地的重力加速度 $g$。

**【拓展】**

测单摆周期的 Arduino 参考程序:

```
int n;int t1;int t2;
void setup()
{Serial.begin(9600);
n = 0;
t1 = 0;
t2 = 0;}
void loop()
{ if (analogRead(A0) > 1017)
{ n = ( n + 1 ) ;
   if (t1 == 0)
   {  t1 = millis() ;  }
   if (t2 ==0 && n == 11)
   {  t2 = millis() ; }
   delay( 300 );
}
if (n == 11)
{Serial.print( "T=" );
Serial.print( ( ( t2 - t1 ) / 5 ) );
Serial.println("");}
}
```

## ● 项目实施

各小组根据项目选题及拟定的项目方案，结合本节所学知识，熟悉光传感器和光电门的使用方法，尝试在自选项目中加入光传感器的应用，并开展项目实践。

## 第三节 测重力加速度

测重力加速度的方法有很多，前面通过用单摆测周期来测算重力加速度是最常用的方法之一。下面来研究自由落体运动，进而测算重力加速度。

### 一、用打点计时器测 $g$

用打点计时器测算重力加速度，是通过用打点计时器在重物吊着的纸带上打点的方法来进行的。已知打点计时器的打点频率为50Hz，当重物被释放后做自由落体运动，打点计时器就会在重物吊着的纸带上打下一系列的点，如图 2-10 所示。用直尺测出各相邻打点之间的距离，即可根据匀变速直线运动的加速度推理公式 $a=\Delta S/t^2$ 算出自由落体加速度，即重力加速度 $g$。

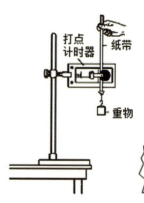

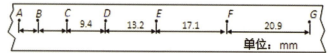

打点
计时器
纸带
重物
重力加速度可由以下推理式计算：a = ΔS/t²
其中，t为打点时间间隔 1/f = 1/50 = 0.02s；
ΔS为相邻两个打点时间间隔的位移差
所以： a = (20.9+17.1-(13.2+9.4))/(1000×(2×0.02)²) = 9.63 m/s²
A B C D E F G
9.4
13.2
17.1
20.9
单位：mm

图 2-10　用打点计时器测重力加速度

**注意**：图 2-10 中的推理公式可由匀变速直线运动的位移公式 $S=v_0t+at^2/2$ 和速度公式 $v_t=v_0+at$ 推导得到：$S_{CD}=v_Ct+at^2/2$，$S_{DE}=v_Dt+at^2/2$，而 $v_D = v_C + at$，所以 $S_{DE} - S_{CD} = at^2$；同理，$S_{EF}-S_{DE} = at^2$……所以，$a=\Delta S/t^2$。

## ● 探究活动

【讨论】

你还有测量重力加速度的其他方法吗？试提出方案并实施。

## 二、用光电门测 g

用光电门测自由落体运动的加速度 $g$，是建立在自由落体运动是加速度恒定不变的匀变速直线运动的基础上的。根据不同的原理，其测量方法不同，这里介绍两种测量方法。

### 1. 加速度 g 表达式的推导

（1）$g$ 与位移及时间的关系。

物体在做自由落体运动的过程中，若能测定物体通过各个连续相同位移 $S$ 所用的时间 $t_1$、$t_2$、$t_3$…，如图 2-11 所示，则物体的加速度 $g$ 应可由 $S$ 和对应的 $t_1$、$t_2$、$t_3$ 等求得。推导过程如下。

由位移和速度公式可得：

$$S=v_1t_1+gt_1^2/2,\quad v_2=v_1+gt_1,\quad S=v_2t_2+gt_2^2/2$$

消去 $v_2$、$v_1$ 可得：

$$g = 2S(t_1-t_2)/(t_1t_2(t_1+t_2)) \qquad (2\text{-}1)$$

（2）$g$ 与位移及速度的关系。

根据 $v_2^2-v_1^2=2aS$，若能测出瞬时速度 $v_1$ 和 $v_2$（参考本章第一节内容），则自由落体的加速度 $g$ 即为：

$$g = (v_2^2-v_1^2)/(2S) \qquad (2\text{-}2)$$

静止
v1
t1
S
v2
t2
S
v3
t3
S
v4

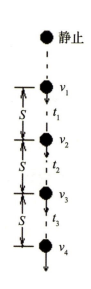

图 2-11　自由落体运动

## 2. 实验器材

实验器材包括光电门、支架、条尺、铁片、Arduino 板等，如图 2-12 所示。

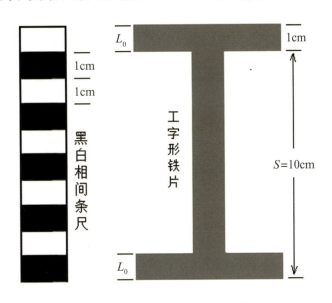

图 2-12 自制黑白条尺和工字形铁片

本实验中的条尺和铁片可以自制。制作条尺时应按尺寸用油漆涂成黑白相间（长 10cm，宽约 2cm）的图案，如图 2-12 左图所示；铁片制作成工字形，尺寸以 11cm×5cm 为宜，如图 2-12 右图所示。

## 3. 实验过程

（1）方法 1：用光电门和条尺测 $g$。

① 如图 2-13 所示安装光电门，并将数据线与 Arduino 板相连，如图 2-5 所示。

② 让黑白相间的条尺自由下落，使其能从光电门无接触通过。

③ 开启 Arduino 测算程序，读取数据，按 $g=2S(t_1-t_2)/[t_1t_2(t_1+t_2)]$ 计算 $g$。

④ 编写测算程序。

让黑白相间的条尺从光电门上方自静止释放，做自由落体运动，如图 2-13 所示。当条尺经过光电门时，每一个黑色区域的挡光作用较强，而白色区域的挡光作用较弱，通过调整光电门探测到的电压模拟值可以设定一个能够区分的临界值（如 1020），从而能够准确记下第 1、2、3、…、n 个黑色区域经过光电门的时刻 $t_1$、$t_2$、$t_3$、…、$t_n$。根据这些时间数据和黑白相间区域的尺寸，利用式 (2-1)，就可测算出重力加速度 $g$。具体的 ArduBlock 程序如图 2-14 所示。

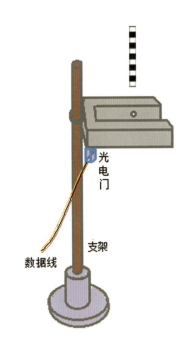

图 2-13 用光电门和黑白条尺测重力加速度

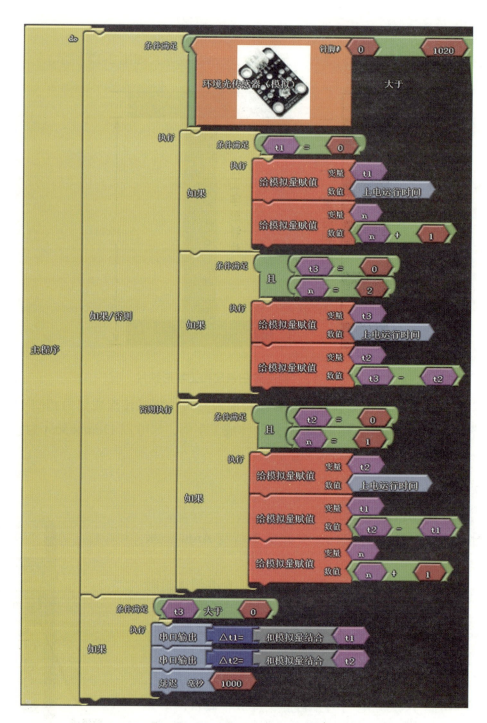

图 2-14 用光电门和黑白条尺测重力加速度 $g$ 的程序

注意：① 黑、白区域的挡光作用差别不大，用此法测 $g$ 需要反复实验。

② 上例程序只记录了第一、三个黑色区域和第一个白色区域经过光电门的时刻 $t_1$、$t_3$、$t_2$，即只测了最先经过的两个相邻的 1cm 位移的时间 $\Delta t_1 = t_2 - t_1$ 和 $\Delta t_2 = t_3 - t_2$。若要测量经过全部色块区域所用的时间，还是用 Arduino IDE 来编写程序比较好。

【思考】

如何测黑白条尺第3、第4、……、第 $n$ 色块经过光电门的时间？

（2）方法2：用光电门和铁片测 g。

① 按图 2-15 所示的装置安装光电门，并将数据线与 Arduino 板相连（数据线连接见图 2-5）。

② 让工字形铁片自由下落，使其能从光电门无接触通过并能按要求挡光。

③ 开启 Arduino 测算程序，读取数据，按 $g = (v_2^2 - v_1^2)/(2S)$ 计算 g。

④ 编写测算程序。

让工字形铁片从光电门上方自静止释放，做自由落体运动，如图 2-15 所示。若测得铁片前端长 $L_0$ 的挡光条经过光电门的时间 $t_1$，因 $L_0$ 足够小，$L_0/t_1$ 可当作铁片前端经过光电门的瞬时速度，即 $v_1 = L_0/t_1$；同理，$v_2 = L_0/t_2$（$t_2$ 为铁片后端长 $L_0$ 的挡光条经过光电门的时间）。因而，$g = L_0^2(t_1^2 - t_2^2)/(2St_1^2t_2^2)$。具体的 ArduBlock 程序如图 2-16 所示。

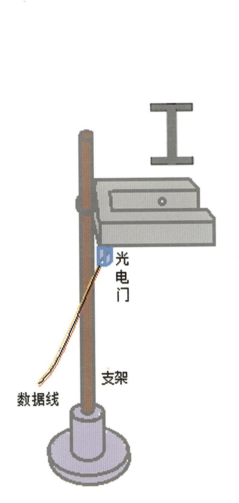

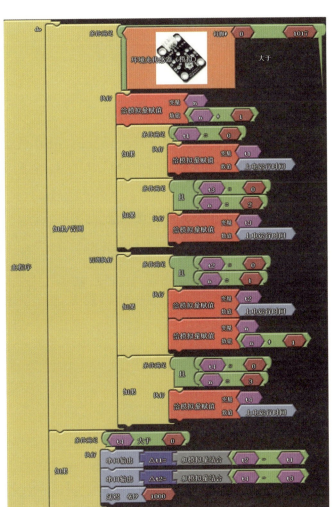

图 2-15　用光电门和铁片测重力加速度　　图 2-16　用光电门和工字形铁片测重力加速度 g 的程序

**注意**：程序中的 $\Delta t_1$ 就是工字形铁片前端挡光条经过光电门的时间，$\Delta t_2$ 为铁片后端挡光条经过光电门的时间。

【实验】

用 Arduino 套件自行设计一个利用光电门和黑白条尺测算重力加速度的方案，并编写

ArduBlock 程序或 IDE 程序进行实验测算。

**【拓展】**

本节 Arduino IDE 参考程序如下。

一、用黑白条尺测重力加速度 g

```
int n,t1,t2,t3;
void setup()
{Serial.begin(9600);n = 0;t1 = 0;t2 = 0;t3=0;}
void loop()
{if ( analogRead(A0) > 1019)
{ if ( t1 == 0)
  {t1 = millis() ;   n = n + 1 ; }
  if (( t3 == 0) && ( n == 2))
  {t3 = millis() ;   t2 = t3 - t2 ; }}
else
{ if ((t2 == 0) && ( n == 1 ))
  {t2 = millis() ;   t1 = t2 - t1 ;   n = n + 1 ; }}
if (t3 > 0)
{Serial.print( "Δt1=" );Serial.print( t1 );Serial.println("");
Serial.print( "Δt2=" );Serial.print( t2 );Serial.println("");delay( 1000 );}
}
```

二、用工字形铁片测重力加速度 g

```
int n,t1,t2,t3,t4;
void setup()
{Serial.begin(9600);n = 0;t1 = 0;t2 = 0;t3 = 0;t4 = 0;}
void loop()
{if (analogRead(A0) >  1019  )
{ n = ( n + 1 ) ;
 if ( ( t1 ) == ( 0 ) )
  { t1 = millis() ; }
  if  (t3  ==  0 &&  n  ==  2)
  {   t3 = millis() ; }}
else
{ if ( ( t2  ==  0 ) && ( n  ==  1 ) )
  { t2 = millis() ;   n = ( n + 1 ) ; }
  if ( ( t4  ==  0 ) && ( n  ==  3 ))
  {  t4 = millis() ; }}
if (t4 > 0)
{Serial.print( "Δt1=" );Serial.print( ( t2 - t1 ) );Serial.println("");
Serial.print( "Δt2=" );Serial.print( ( t4 - t3 ) );Serial.println("");
delay( 1000 );}
}
```

## 三、对黑白条尺测重力加速度 g 的改进

上述一中所述黑白条尺测重力加速度 $g$，只能测量两个数据，实际上，制备条尺时有黑白方块各 5 个，应该测量 10 个数据：$t_1 \sim t_{10}$，再求 $g$ 的平均值。其完整程序如下：

```
int n,i;long t[12];
void setup()
{Serial.begin(9600);n = 0;
for (i = 0; i < 11; ++i) {   t[i]=0;   }}
void loop()
{if ( analogRead(A0) > 1019 )
{ if (t[1] == 0)
  {t[1] = millis() ;    n = n + 1 ;    }
  if ((t[n] == 0) && ( n >1 ) && ( n <12 ) && ( (n-1) % 2 = 0 ))
  {    t[n] = millis() ;    n = n + 1 ;    }}
else
{ if ((t[n+1] == 0 ) && ( n % 2 == 1 ) && ( n > 0 ) && ( n < 12 ))
  {   n =  n + 1 ;    t[n] = millis() ;   }}
if (n = 11)
  { for (i = 1; i < 11; ++i) {
    Serial.print( "Δt"); Serial.print( i ); Serial.print( "=" );
    Serial.print( t[i+1]-t[i] ); Serial.println("");     }   }
}
```

### ● 项目实施

各小组根据项目选题及拟定的项目方案，结合本节所学知识，熟悉光传感器和光电门的使用方法，尝试在自选项目中加入光传感器的应用，并开展项目实践。

## 第四节 传感器与生物、化学实验

### 一、传感器

人从外界获取信息，必须借助感觉器官，电子设备要感知外部环境也需要借助它们的感觉器官，即传感器。传感器在 Arduino 开源硬件项目制作中的应用非常广泛，各类信息和数据的采集和输入都需要传感器的配合。图 2-17 所示为一些常用的传感器。

因此，传感器也被称为电五官，它的存在和发展，让物体有了触觉、味觉和嗅觉等感官，它与人类五大感觉器官的对照如表 2-4 所示。

传感器种类繁多，不仅可以用在物理实验中，也可以根据实际情况，选择合适的传感器应用到生物和化学实验中。根据传感器的实现技术不同，可以分为：超声波传感器、温度传感器、湿度传感器、气体传感器、气体报警器、压力传感器、加速度传感器、紫外线传感器、磁敏传感器、

磁阻传感器、图像传感器、电量传感器、位移传感器等。

图 2-17　几种常用的传感器

表 2-4　传感器与人类五大感觉器官对照表

| 传感器的类型 | 对应人类的感觉器官 |
| --- | --- |
| 光敏传感器 | 视觉 |
| 声敏传感器 | 听觉 |
| 气敏传感器 | 嗅觉 |
| 化学传感器 | 味觉 |
| 压敏、温敏、流体传感器 | 触觉 |

## 探究活动

【讨论】

观察并分析生活中常见的电气设备，说说它们包含了哪些传感器，对应实现了哪些功能，并填入表 2-5 中。

表 2-5　电气设备及传感器分析表

| 电气设备名称 | 传　感　器 | 实现功能 |
| --- | --- | --- |
|  |  |  |
|  |  |  |
|  |  |  |
|  |  |  |

## 1. 温度传感器

温度传感器（temperature transducer）是指能感受温度并转换成可用输出信号的传感器，是温度测量仪表的核心部分。温度传感器种类很多，按测量方式，可分为接触式和非接触式；按材料及电子元件特性，可分为热电阻和热电偶。本节内容使用的 LM35DZ 热电阻温度传感器（LM35DZ 可感温 0～100℃，LM35CZ 可覆盖 -40～110℃），可谓价廉物美，如图 2-18 所示。

图 2-18　LM35DZ 温度传感器

1）如何准确测温

LM35DZ 的输出电压与摄氏温度呈线性关系，0℃时输出为 0V，每升高 1℃，输出电压增加 10mV。可用下面的公式表示：

$$Val=10(mV/℃)\times T(℃)=0.01T(V)$$

或

$$T=100Val(℃)$$

式中，Val 为电压读数，$T$ 为摄氏温度。

由于从 Arduino 模拟针脚读出的不是电压单位的值，而是在 0～1023 范围内的模拟值，即 0 对应于 0V，1023 对应于 5V，因而，需要对读出的模拟值进行映射，即将 0～1023 映射到 0~5V，于是，存在下面的经验公式：

$$T=100\times Val\times 5/1024=0.48828125Val$$

2）LM35 测温实验

实验器材：Arduino 板，面包板，LM35DZ 温度传感器，连接线若干。

LM35 测温实验电路连接如图 2-19 所示。

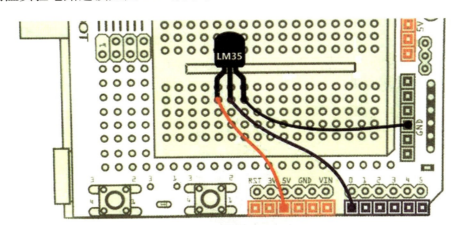

图 2-19　温度传感器连接电路

测温实验程序如下：

```
int potPin = 0;         // 设置模拟口 0 为信号输入端口
float t = 0;            // 设置 t 为浮点变量
```

```
long val=0;                        // 设置 val 为长整型变量
void setup()
{Serial.begin(9600); }             // 设置波特率
void loop ()
{val=analogRead(potPin);           // 温度传感器接到模拟针脚 0 上
  t = (0.48828125*val);            // 把读取到的 val 转换为温度数值
  Serial.print("Tep = "); Serial.print(t); Serial.println("C");
  delay(500); }                    // 延时 500ms
```

**【实践】**

设计一个气温测量实验，测试不同时间段的气温，并与用传统温度计测量的气温进行比较，填入表 2-6 所示的温度记录表中，分析温度传感器的准确性及误差范围。

表 2-6 温度记录表

| 时 间 段 | 温度传感器所测气温 | 温度计所测气温 |
|---|---|---|
|  |  |  |
|  |  |  |
|  |  |  |
|  |  |  |
| 结论 |  |  |

### 2. 气敏烟雾传感器

气敏烟雾传感器是一类能够监测气体烟雾浓度的传感器，根据所能监测的气体种类分为不同的传感器。MQ-2 烟雾气体传感器就是其中一种能够检测多种可燃性气体的传感器，且价格低廉，较为实用，如图 2-20 所示。

图 2-20 MQ-2 烟雾气体传感器实物图

MQ-2 烟雾气体传感器探头所使用的气敏材料是置于清洁空气中则电导率较低的二氧化锡

($SnO_2$)。当传感器所处环境中存在可燃气体时,传感器的电导率随空气中可燃气体浓度的增加而增大。通过简单的电路转换,即可将电导率的变化转换为与该气体浓度相对应的输出信号,烟雾的浓度越大,电导率越大,输出电阻越低,则输出的模拟信号就越大。

MQ-2型传感器对天然气、液化石油气等烟雾有很高的灵敏度,尤其对烷类烟雾更为敏感,具有良好的抗干扰性,可准确排除有刺激性非可燃性烟雾的干扰信息。MQ-2型传感器是可用于家庭和工厂的气体泄漏监测装置,适宜于液化气、苯、烷、酒精、氢气、烟雾等方面的探测,它与Arduino一起使用时,可参考图2-21所示的引脚示意图进行连线。

图2-21 MQ-2烟雾气体传感器引脚示意图

烟雾气体检测实验如下。

实验器材:Arduino板,面包板,MQ-2传感器,连接线若干。

烟雾气体检测连接电路如图2-22所示。

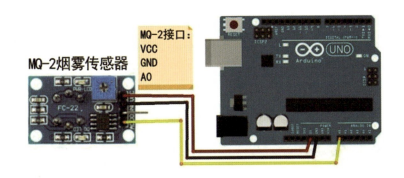

图2-22 MQ-2烟雾传感器连接电路

烟雾气体检测实验程序如下:

```
void setup()
{Serial.begin(9600); }
void loop ()
```

```
{int val;
val=analogRead(0);    //MQ-2传感器接到模拟针脚 0 上
   Serial.print(val,DEC);
   delay(500); }       // 延时 500ms
```

根据传感器的内部构造，此实验在通电后需要等待 1min 左右，待探头预热后才能进行测量，预热后能感受到探头有明显的温度。

【实践】

利用上述实验，检测日常生活中清洁空气和正在使用中的打火机及煤气灶附近三种环境下所测得的数据，并记录到表 2-7 中。

表 2-7  烟雾气体数值记录表

| 环　　境 | 传感器所测数值 |
| --- | --- |
| 清洁空气 |  |
| 使用中的打火机附近 |  |
| 使用中的煤气灶附近 |  |

## 二、生物、化学应用

利用温度传感器，还可以进行有关热量的化学、生物实验。下面是测量中和热（定量）和验证种子萌发是散热过程的两个实验。

### 1. 测量中和热（定量）

中和热测量是高中的化学实验之一。一般情况下，中和热测定实验往往按照图 2-23 左图所示装置进行，导致所测结果不准（理论上，一元强酸和一元强碱反应的中和热为 57.3kJ/mol）。主要原因有：① 仪器保温性能差，实验中大小烧杯之间用碎纸片来隔热保温，效果不好；② 实验中忽略了小烧杯、温度计所吸收的热量；③ 温度计读数不准。

鉴于中和热测定的实验误差分析，我们做出以下改进：① 将大小烧杯之间的碎纸片改用保温效果更好的材料，如泡沫等；② 用温度传感器代替温度计，提高测量精度。改进后的实验装置如图 2-23 右图所示。

图 2-23  中和热测量装置

实验目的：定量测量一元强酸和一元强碱中和反应过程中放出的热量。

实验原理：酸碱中和反应过程中会放出大量热量。

实验器材：Arduino、温度传感器、HCl 溶液、NaOH 溶液、50mL 量筒等。

实验过程和数据分析如下。

（1）将温度传感器密封包装为可以测量中和溶液温度的探测器（最简单的方式是引出 3 根导线，然后用透明胶纸密封包装），如图 2-24 所示。

**图 2-24　密封包装后的温度传感器**

（2）连接：将温度传感器 LM35DZ 与 Arduino 板相连（黑色线接地，红色线接 5V 引脚，绿色控制线接模拟针脚 A0）。

（3）用量筒量取 50mL HCl 溶液并加入中和热实验器内，将温度传感器密封探头前端置于溶液中，记录 HCl 溶液的温度 $t_1$。

（4）用量筒量取 50mL NaOH 溶液，迅速加入中和热实验器内，振荡，待稳定后，记录混合溶液此时的温度 $t_2$。

（5）根据公式 $Q=Cm\Delta t$ 计算产生的中和热。

式中：$C=4.18J/(g \cdot ℃)$，表示水的比热；$m=100g$，表示混合溶液中水的质量（50mL HCl+50mL NaOH 溶液中和后生成约 100g 水和少量 NaCl）；$\Delta t = t_2 - t_1$，表示溶液前后的温度差。

实验注意事项如下。

（1）HCl 溶液的浓度要略大于 NaOH 的浓度，以使 NaOH 反应完全。

（2）NaOH 与 HCl 的温度应尽量保持一致。若不一致，在等体积混合的前提下可将两者温度的算术平均值作为初始温度。

（3）通过 Arduino IDE 运行测温程序（见拓展资源中的"LM35 测温实验参考程序"），打开串口监视器，记录温度变化情况 $t_2 - t_1$，计算中和反应中的热量。

### 2. 验证种子萌发是散热的过程

实验目的：证实种子萌发是一个散热过程。

实验原理：种子萌发是一个复杂的植物生理过程，需要通过呼吸作用提供能量；在呼吸作用过程中，有机物分解产生的能量除部分形成 ATP 外，还有相当一部分能量以热的形式散失。将发芽的种子放入保温容器内，用温度传感器可以检测到这种温度变化，从而证实种子萌发是一个散热过程。

实验器材：Arduino、温度传感器、保温杯、自制泡沫塞、绿豆种子。

实验过程如下。

（1）将绿豆种子用 20℃的水浸泡 5min 后置于保温杯中，盖上自制泡沫塞，将温度传感器密封探头通过泡沫塞置于种子中间位置。

（2）将温度传感器连接 Arduino 板，再连接计算机，如图 2-25 所示。

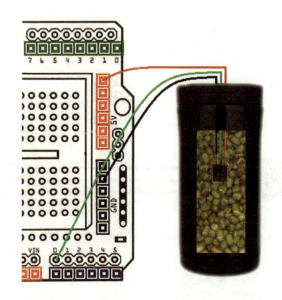

图 2-25　保温杯、LM35 及电路连接

（3）通过 Arduino IDE 运行测温程序（见拓展资源中的"LM35 测温实验参考程序"），打开串口监视器，观察保温杯中绿豆种子萌发时的温度变化情况。

数据分析：记录发芽绿豆的温度变化情况，得出"种子萌发是一个散热过程"的结论（可用干绿豆重复实验，得到对比数据，进一步证实结论）。

【实践】

根据课程内容，设计并进行化学、生物实验。

【拓展】

一、酸碱中和滴定实验

酸碱中和滴定，是指用已知物质量浓度的酸（或碱）来测定未知物质量浓度的碱（或酸）的方法。

1. 实验目的

通过使用 pH 传感器实时监测反应过程中混合溶液 pH 的变化情况，配合滴定计数器，实时测量出滴定体积，绘制酸碱中和滴定曲线并确定滴定终点，计算未知浓度 NaOH 溶液的浓度。

2. 实验原理

（1）在酸碱中和滴定等当点（即滴定终点）时，pH 值为 7。通过测定加入不同量滴定液后的 pH 值，可以准确地绘制酸碱中和滴定曲线并确定滴定终点。

（2）在酸碱中和反应中根据 $H^+ + OH^- = H_2O$ 这一关系式，已知浓度的酸（或碱）溶液滴定一定体积未知浓度的碱（或酸）溶液，测出已知浓度酸（或碱）溶液的体积，可以算出待测碱（或酸）溶液的物质量浓度。

3. 实验器材

（1）pH 传感器：用来检测被测物中的氢离子浓度并转换成相应的可用于输出信号的传感器，通常由化学部分和信号传输部分构成，如图 2-26 所示。

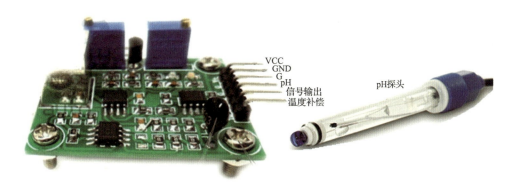

图 2-26　pH 传感器及其探头

（2）滴定计数器：由光电门传感器与滴定管组合而成，用来测量通过滴定管的液体的滴数。通常情况下，标准滴定管每滴的体积约为 0.04mL，为了精确起见，建议使用前对使用的液滴体积进行标定。方法是：加入一定量的液体，通过滴完后的滴数计算出每滴液体的体积。

4. 实验过程

（1）将 20mL 未知浓度 NaOH 溶液倒入 100mL 烧杯中，放入搅拌磁子。

（2）安装滴定台，将烧杯置于磁力搅拌器上，安装光电门、pH 传感器（注意不要碰触搅拌磁子），并将光电门及 pH 传感器与 Arduino 相连，连接计算机。

（3）编写 IDE 程序，显示 pH 传感器的 pH 值，并通过串口监视器观察。

（4）在酸式滴定管内加满 0.1mol/L HCl 溶液，调节酸式滴定管的活塞，使 HCl 溶液逐滴滴下。

（5）打开磁力搅拌器开始搅拌，让滴定计数器计下滴定管滴出的液滴数，并算出液滴的体积 $V$（注意事先要确定一滴管液体的体积）。

（6）记录每一组 $V$、pH 值，在直角坐标系中绘制出 $V$-pH 图线。

酸碱中和滴定实验装置，如图 2-27 所示。

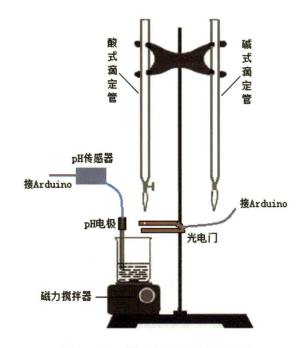

图 2-27　酸碱中和滴定实验装置

## 二、LM35 测温实验参考程序

```
int potPin = 0;              // 设置模拟口 0 为信号输入端口
float t = 0;                 // 设置 t 为浮点变量
long val=0;                  // 设置 val 为长整型变量
void setup()
{Serial.begin(9600); }       // 设置波特率
void loop ()
{   val=analogRead(potPin);  // 温度传感器接到模拟 A0 上

    t = (0.48828125*val);    // 把读取到的 val 转换为温度数值
    Serial.print("Tep = ");  Serial.print(t);   Serial.println("C");
    delay(500); }            // 延时 500ms
```

## 三、生活应用

温度传感器除了可以应用在上述实验中，在平时的生活中也处处可见。

### 【观察】

观察生活，留意各类电器，记录应用温度传感器的生活实例，将记录填入表 2-8 中。

表 2-8 温度传感器生活应用实例记录

| 应用实例 | 所起作用 |
| --- | --- |
|  |  |
|  |  |
|  |  |

**1. 探究空调室外机对周围环境温度的影响**

在日常生活中，空调已经成为大家的避暑神器之一。下面就以空调为例进行实验，用温度传感器探究空调室外机对周围环境温度的影响。

实验目的：探究空调室外机对周围环境温度的影响。

实验原理：空调机在制冷（制热）过程中，空调室外机会排出较热（较冷）的空气，对周围的环境温度造成一定的影响。通过本实验可以了解空调室外机对环境的影响范围和程度。

实验器材：Arduino 板、可移动温度传感器采集模块。

实验过程和数据分析如下。

（1）将温度传感器的连接线进行适当的延长（如延长至 7m），则可将温度传感器当作一个可移动的温度采集模块，以方便测量。

（2）连接 Arduino 板，再通过 USB 线连接笔记本电脑。

（3）通过 Arduino IDE 运行测温程序（见拓展资料中的"LM35 测温实验参考程序"），打开串口监视器，观察监视器中的温度数据。

（4）将温度传感器探头分别置于空调室外机侧前方 45° 和右侧方向，各自放置在距离空调 0.5m、1m、1.5m、2m、3m、4m、5m、6m、7m 等位置，待温度读数稳定后，按表 2-9 所示格式记下各自测得的温度数据。

表 2-9　空调室外机附近的温度

| 距离 | 0.5 | 1 | 1.5 | 2 | 3 | 4 | 5 | 6 | 7 |
| --- | --- | --- | --- | --- | --- | --- | --- | --- | --- |
| 温度 (45°方向) | | | | | | | | | |
| 温度 (右侧方向) | | | | | | | | | |

（5）根据表 2-9 中的实验数据，分析得出结论。

## 2. 燃气泄漏报警实验

随着人们生活水平的不断提高，越来越多的家庭已经用上了液化石油气或者管道煤气。随之而来的用气安全也越来越引起人们的重视，如何确保家庭的用气安全，在煤气泄漏或忘记关闭开关时能够及时提醒人们呢？下面以 MQ-2 传感器为例，介绍一个基本的家庭用气安全警报实验装置，同学们可以将其进行适当改造，从而应用到实际生活中。

实验目的：在燃气泄漏或忘记关闭开关时能够及时报警和提示。

实验原理：天然气的主要成分为甲烷等烷类物质，MQ-2 传感器能够检测到空气中的烷类成分，如果其数值大于正常水平，则驱动蜂鸣器和 LED 灯进行报警和提示。

实验器材：Arduino 板、MQ-2 传感器、蜂鸣器、LED 等。

实验连线如图 2-28 所示，注意 MQ-2 的 A0 引脚接 Arduino 的 A5 引脚以输出其检测到的模拟数值。

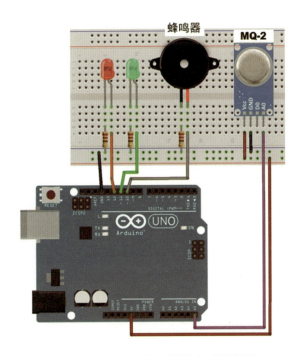

图 2-28　燃气泄漏报警实验连线图

实验程序：

```
int redLed = 12;          // 红灯正极连接 12 接口
int greenLed = 11;        // 绿灯正极连接 11 接口
int buzzer = 10;          // 蜂鸣器正极连接 10 接口
int smokeA0 = A5;         //MQ-2 正极连接 A5 接口
```

```
    int sensorThres = 400;                              // 此处为报警数值
    void setup() {
      pinMode(redLed, OUTPUT);
      pinMode(greenLed, OUTPUT);
      pinMode(buzzer, OUTPUT);
      pinMode(smokeA0, INPUT);
      Serial.begin(9600);
    }
    void loop() {
      int analogSensor = analogRead(smokeA0);           // 读取MQ-2的模拟数值
      Serial.print("Pin A0: ");
      Serial.println(analogSensor);
      if (analogSensor > sensorThres)                   //sensorThres 根据实际情况调整数值
      {
        digitalWrite(redLed, HIGH);
        digitalWrite(greenLed, LOW);
        tone(buzzer, 1000, 200);
      }
      else
      {
        digitalWrite(redLed, LOW);
        digitalWrite(greenLed, HIGH);
        noTone(buzzer);
      }
      delay(100);
    }
```

实验过程如下。

（1）将装置置于煤气灶旁边并等待1min，待探头加热后进行测试，记录此时的传感器输出数值 $t_1$。

（2）在保持房间通风良好的状态下，模拟燃气泄漏的情况，并记录此时传感器的输出数值 $t_2$。

（3）在 $t_1$ 与 $t_2$ 之间选择一个合适的数值作为报警临界值，替换上面程序中的 sensorThres 值。

（4）在确保安全的情况下，进行多次模拟测试，确保在燃气泄漏的第一时间蜂鸣器能够发出警报声，且红色LED灯亮起。

● 项目实施

各小组根据项目选题及拟定的项目方案，结合本节所学知识，将光传感器、触摸传感器或温度传感器等设备应用到自选项目中，设计实验方案，并进行项目实践。

## 第五节　测算地球质量

如果让我们用 Arduino 来测算地球的质量，该如何进行实验设计呢？

### 一、测算方法

万有引力定律指出，两个质点彼此之间相互吸引的作用力，与它们的质量乘积成正比，并与它们之间距离的平方成反比。这就是我们熟悉的万有引力公式 $F=G\dfrac{m_1 \cdot m_2}{r^2}$，其中 $m_1$ 和 $m_2$ 为两个质点的质量，$r$ 为它们之间的距离。根据此公式，理论上，我们只要测量出物体与地球之间的吸引力，再测量出它与地球质心之间的距离，就可以推算出地球的质量了。但是，实际中，地球上物体之间的万有引力太微弱了，牛顿也无法计算出引力常数 $G$ 的大小，他甚至认为我们无法计算出地球的实际质量。

人们对于地球质量的探索并未就此停歇，18 世纪末，卡文迪许设计了极为精妙的扭秤实验，通过扭秤将极为微小的引力进行了二次放大，从而计算出了万有引力公式中最为关键的引力常数 $G$，并根据这个实验测得了地球的质量。

站在巨人的肩膀上，现在我们已经知道了地球的半径 $r$ 和引力常数 $G$，那么该怎样利用开源硬件测算地球的质量呢？如果你是带着 Arduino 的卡文迪许，你准备怎么设计这个实验呢？

根据万有引力公式，我们现在只需要知道万有引力 $F$ 和另一个实验物体质量 $m$ 就能测算出地球的质量了。虽然 Arduino 可以搭配很多其他传感器，但是其在测力方面并不擅长，因此，我们需要将测力转换为它能够更精确和方便检测的要素。

根据前面的学习和实验，我们已经知道可以利用 Arduino 光电门来进行加速度的测量，那么能否将测力转换为对加速度的测量呢？

牛顿第二定律描述的是物体加速度的大小与它受到的作用力成正比，与物体的质量成反比，而重力公式 $F=mg$ 就是其中的一个特例，其中，$F$ 为重力大小（通常记为 $G$，但为防止与引力常数 $G$ 混淆，这里记为 $F$），$g$ 是重力加速度。将它和万有引力公式联合起来，就可以将较难测量的力转化为更容易测量的加速度，其推导过程如下。

根据重力公式 $F=mg$ 和万有引力公式 $F=G\dfrac{m \cdot M}{r^2}$，得

$$mg=G\dfrac{m \cdot M}{r^2}$$

所以，地球质量

$$M=\dfrac{g \cdot r^2}{G}$$

至此，我们已经将测算地球质量 $M$ 转换为测算重力加速度 $g$ 了。

### 二、测算过程

公式的转换让我们将一个采用 Arduino 较难测量的力转换成了可以更加容易测量的加速度。而对加速度的测量，还可以进一步转换，将其变为对时间的测量。根据自由落体公式，当静止

物体做自由落体运动时，公式如下：

$$s=\frac{1}{2}gt^2$$

式中，s 为下落距离，t 为下落时间，g 为重力加速度。转换一下，即成为

$$g=\frac{2s}{t^2}$$

这样，我们又进行了一次测量要素的转换，将加速度的测量转换成更加容易测量的要素——时间。而对时间的测量，用 Arduino 有很多种方法可以解决，本章第三节介绍的光电门就是其中一种。

这里，还可以根据上述公式，采用另外一种方法进行测量。

实验器材：Arduino 板、压电传感器、电阻、红外 LED、USB 线、胶带、纸板等。

实验过程如下。

让小球从一定高度自由落体，在小球下落的起始位置利用红外传感器制作成一个红外阻隔装置，用于启动小球下落并标记开始时刻；为增大测量的面积以方便实验，在小球正下方利用多个压电传感器制作成一个感应落地装置，用于记录小球下落的时刻。感应落地装置和电路如图 2-29 所示。

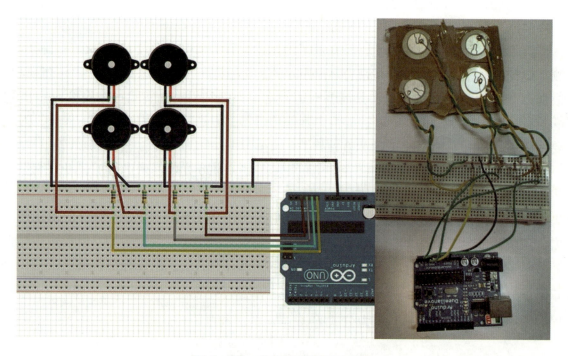

**图 2-29　感应落地装置示意图**

最终的实验装置如图 2-30 所示。实验开始前，将小球和红外检测装置置于离地 1m 的地方，当小球未落下时，红外传感器处于被阻挡状态；当小球下落时，红外传感器检测到光线，开始计时；当小球落到下方的压电传感装置上时，传感器数值发生变化，检测到下落动作，计时结束。具体程序可参考本节的拓展资源。

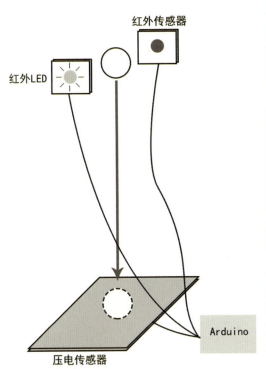
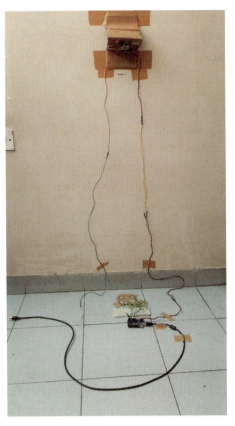

图 2-30　测算地球质量实验装置图

重复该实验 3 次，可以得到下面的时间结果：444ms、444ms、462ms，取平均值，得到平均下落时间为 450ms。进而通过上述计算公式，计算得出加速度约为 9.875m/s$^2$，最后，我们得到地球质量约为 $6.006×10^{24}$kg。同学们可以多次实验，并将实验结果和调查得到的地球质量进行比对，进行讨论。

## 探究活动

【讨论】

对地球质量的测算，你还有其他方法吗？试提出方案并实施。

讨论实验测得数据与实际公认数据之间的关系。

【拓展】

本节测算地球质量实验 Arduino IDE 参考程序：

```
const int sensorPin1 = A0;
const int sensorPin2 = A1;
const int sensorPin3 = A2;
const int sensorPin4 = A3;     // 四个压电传感器接口
const int photoPin = 4;        // 红外传感器接口
const int ledPin = 13;         // 红外 LED 接口
const int threshold = 110;     // 压电传感器触发值，用于检测是否有振动
```

```
char stringToPrint[100];
int startTime,endTime; // 开始和结束时刻

int val1,val2,val3,val4;
void setup() {
  Serial.begin(115200);
  pinMode(ledPin,OUTPUT);
  pinMode(sensorPin1,INPUT);   pinMode(sensorPin2,INPUT);
  pinMode(sensorPin3,INPUT);   pinMode(sensorPin4,INPUT);
  pinMode(photoPin,INPUT);
}
void loop() {
  int start = digitalRead(photoPin);
  startTime = millis();
  if(start == HIGH)
    digitalWrite(ledPin,HIGH);
  while(start == LOW)
  {
      digitalWrite(ledPin,LOW);
      val1 = analogRead(sensorPin1);
      val2 = analogRead(sensorPin2);
      val3 = analogRead(sensorPin3);
      val4 = analogRead(sensorPin4);
      if((val1 >= threshold) || (val2 >= threshold) || (val3 >= threshold) ||
         (val4 >= threshold))
      {
        endTime = millis();
        sprintf(stringToPrint,"%d ms",endTime - startTime);
        Serial.println(stringToPrint);
        digitalWrite(ledPin,HIGH);
        delay(1000);
        digitalWrite(ledPin,LOW);
        start = HIGH;
      }
  }
}
```

## ● 项目实施

各小组根据项目选题及拟定的项目方案，结合本节所学知识，熟悉光传感器和光电门的使用方法，尝试在自选项目中加入光传感器的应用，并开展项目实践。

## ● 成果交流

各小组运用数字可视化工具，将所完成的项目成果，在小组和全班中，或在网络上进行展示与交流，共享项目成果，分享创作快乐。

## 活动评价

各小组根据项目选题、拟定的项目方案、实施情况以及所形成的项目成果,根据附录2的"项目活动评价表",开展项目学习活动评价。

## 本章扼要回顾

通过本章学习,同学们根据"科学实验"知识结构图,扼要回顾、总结、归纳本章学过的内容,建立自己的知识结构体系。

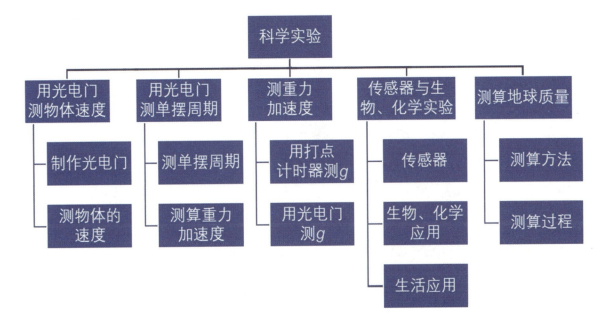

## 回顾与总结

# 第三章
## 技术试验

在技术活动中，为了一定的目的，往往要进行一些尝试、检验、优化等探索性实践活动，这种实践活动，我们称之为技术试验（Technical Test）。技术试验是技术活动中的一项重要内容，是技术研究中不可缺少的基本方法和手段。在技术发明、技术革新、技术推广等活动中，技术试验不仅是对技术成功与否的验证，更是发现问题、探究规律、优化技术的关键，是对技术应用实现的一种有力保障。通过技术试验，可以使设计得以改进和完善，将设计的风险和失误降到最低。

本章将通过"Arduino 遥控小车"项目，进行自主、协作、探究学习，通过计步器、马达驱动、红外遥控、机械手、物联网构建、小车机器人等试验，利用 Arduino 将头脑中的想法付诸实施，提出设计方案，开展技术试验，为进一步的作品创作做好技术铺垫，从而将知识建构、技能培养与思维发展融入运用数字化工具解决问题和完成任务的过程中，促进核心素养达成，完成项目学习目标。

- ◎ 工程进、出料控制
- ◎ 路灯控制系统
- ◎ 马达的驱动与控制
- ◎ 舵机的驱动与控制
- ◎ 红外收发与遥控
- ◎ 物联控制系统
- ◎ 科技作品创作过程

# 项目范例：Arduino 遥控小车

## ● 情境

小车是 Arduino 中经常出现的一个基础平台，有了这个平台，就可以在上面搭载无线收发装置，从而进行无线遥控；搭载机械手，就可以进行远程机械操作；搭载超声波等传感器，就可以实现无人驾驶模拟；搭载温湿度等传感器，就可以实现智能家居机器人……可以说小车是一个非常好的实验平台。本章我们将通过制作一个基础的遥控小车平台，对马达及无线控制等技术进行深入学习和了解。

## ● 主题

Arduino 遥控小车。

## ● 规划

根据项目范例的主题，在小组中组织讨论，利用思维导图工具，制订项目学习规划，如图 3-1 所示。

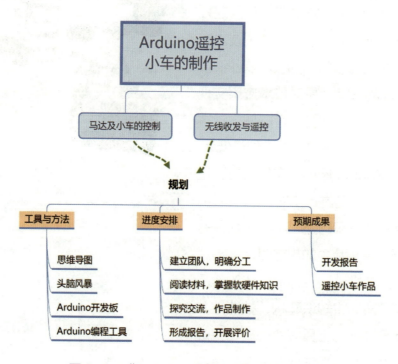

图 3-1 "Arduino 遥控小车"项目学习规划

## ● 探究

根据项目学习规划的安排，通过调查和案例分析、文献阅读或网上搜索资料，开展"Arduino 遥控小车"项目学习探究活动，如表 3-1 所示。

表 3-1 "Arduino 遥控小车"项目学习探究活动

| 探究活动 | 学习内容 | 知识技能 |
| --- | --- | --- |
| 工程进、出料控制 | 倾斜开关的使用及技术应用场景 | 了解倾斜开关的使用方法及其在进、出料领域的应用 |
| 路灯控制系统 | 继电器原理及使用方法 | 了解继电器工作原理及其在路灯控制系统中的应用 |
| 马达等机械驱动与控制 | 马达和舵机的工作原理及其在小车上的应用 | 了解马达和舵机的驱动方法，能利用机械驱动装置制作小车 |
| 红外收发与控制 | 红外传感器原理及其应用 | 学会利用红外接收管和遥控器进行无线控制 |
| 物联控制系统 | 物联网系统简介及搭建 | 了解物联网系统，初步学会物联网服务器的搭建和使用 |
| 科技作品创作过程 | 科技作品创作过程简介 | 了解科技作品一般实施过程，体验遥控小车的制作过程并思考如何进行完善 |

● 实施

实施项目学习探究活动，学会驱动小车的方法和无线控制技术，了解利用 Arduino 进行物联网的构建过程，制作遥控智能小车平台，并通过在此平台上搭载其他智能设备，体验移动智能物联网的实现过程。

● 成果

在小组开展项目范例学习的过程中，利用思维导图梳理小组成员在"头脑风暴"等活动中的观点和意见，记录探究过程和结果，运用"写得"等数字化学习工具综合加工和表达，形成项目范例可视化学习成果，如"Arduino 遥控小车"可视化报告和实验装置（目录截图如图 3-2 所示），并通过各种途径和平台进行分享。

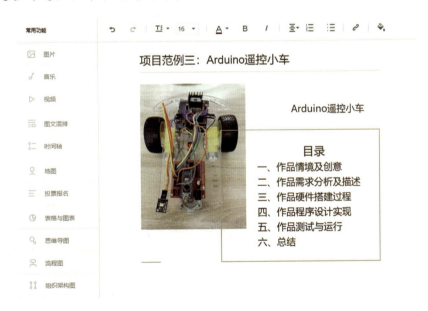

图 3-2 "Arduino 遥控小车"可视化报告目录截图

## ● 评价

根据本书附录2的"项目活动评价表",对项目范例的学习过程和学习成果在小组和班级上进行交流,开展项目学习活动评价。

## ● 项目选题

请同学们以3～6人组成一个小组,选择下面一个参考主题,或者自拟一个感兴趣的主题,开展项目学习。

(1) 用Arduino制作电子秤。
(2) 用Arduino构建智能家居系统。
(3) 用Arduino制作简易机械手。

## ● 项目规划

各小组根据项目选题,参照项目范例的样式,利用思维导图工具,制定相应的项目方案。

## ● 方案交流

各小组将完成的方案在全班中进行展示交流,师生共同探讨,完善相应的项目方案。

# 第一节 工程进、出料控制

倾斜开关在生产和生活中有着广泛的应用,比如可以利用倾斜开关内触点开合的变化来设计设备保护装置或进、出料控制装置,也可以利用倾斜开关的滚珠接触与否来设计健身计步器……

## 一、认识倾斜开关

倾斜开关是一种当放置角度发生变化时能够接通或断开电路的装置。由于应用场合的不同,倾斜开关的种类繁多,下面介绍常用的两种。

### 1. 滚珠倾斜开关

滚珠倾斜开关简称滚珠开关,其管腔内部有一颗能够导电的小滚珠,内壁与一端的银色导针相连,另一端的金色导针通过端部的绝缘材料与管腔内的触点连通。当滚珠开关平放时,小滚珠处于中间有点小凹槽的平衡位置,开关处于开路状态(OFF);当滚珠开关向金色端倾斜一定角度(10°～15°)时,小滚珠离开平衡位置滚向金色端,使开关处于导通状态(ON),如图3-3所示。

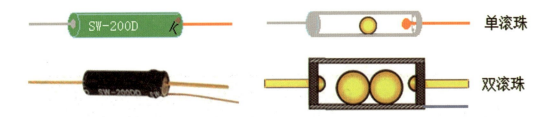

图 3-3 滚珠开关构造原理

滚珠开关属于弱电开关，若要控制强电，则必须使用继电器。滚珠开关常见型号有 SW-200D、SW-460、SW-300DA 等，其中 SW-200D 价格低廉，因而常用它来进行电子电路实验。

2. 悬挂倾斜开关

垂直悬挂的倾斜开关，一般以水银为导电触头（也有采用滚珠式设计的，只是内部结构设计得相对复杂些）。探头在受到外力作用且偏离垂直位置 17°以上时，倾斜开关内部的水银流动，使常闭触点断开；当外力撤销后，倾斜开关恢复到垂直状态，水银触点复又闭合。其实物及结构原理如图 3-4 所示。

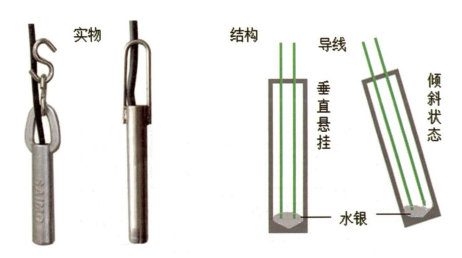

图 3-4 悬挂倾斜开关结构原理

悬挂倾斜开关的外壳一般用铸铁或铝制成，负载功率可达 10A 250V AC，型号有 TC-3X（轻型倾斜开关，铸铝制）和 TC-1（重型倾斜开关，铸铁制），一般用于工业生产及安全保护中。

● 探究活动

【交流】

上网查找更多关于倾斜开关的资料，交流各种类型的功能、参数及使用场景的异同。

二、倾斜开关实验

下面用滚珠倾斜开关 SW-200D 来开展实验，控制 LED 灯的亮灭。

实验目的：当开关银色导针端高于水平位置倾斜时，开关导通；低于水平位置时开关断开。

实验方案1：将倾斜开关直接当作普通开关使用，如图3-5所示。

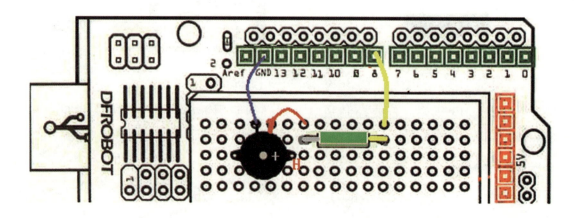

图3-5　倾斜开关串入电路中

比如在播放《两只老虎》乐曲的蜂鸣器电路中直接串联接入倾斜开关，当开关银色导针端高于水平位置呈倾斜状态时，开关导通，播放乐曲，否则停止播放。

实验方案2：将倾斜开关当作可编程对象进行控制，用程序实现开关LED灯，如图3-6所示。

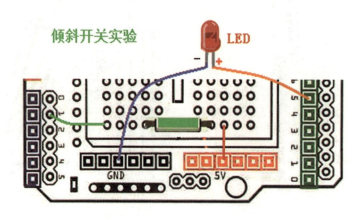

图3-6　编程开关LED灯

实物接线图：将LED灯连接到数字引脚5，滚珠开关连接到模拟引脚1。

当开关银色导针端高于水平位置倾斜，开关导通，使得模拟引脚1电压值为5V左右（模拟值为1023），程序点亮LED灯。

当银色导针端低于水平位置倾斜，开关停止，使得模拟引脚1电压值为0V左右（模拟值为0），程序熄灭LED灯。

在程序中，通过判断模拟引脚1的电压值是否大于某个值，来执行LED灯的亮灭，从而亦可推知倾斜开关是否导通。

程序代码如下：

```
int i,pin=5;
void setup()
```

```
{ pinMode(pin,OUTPUT);          // 设置数字引脚5为输出
  Serial.begin(9600); }          // 设置波特率
void loop()
{ i=analogRead(1);               // 读模拟引脚1的电压值
   if(i>1000)                    // 如果大于1000（4.9V）
     { digitalWrite(pin,HIGH);}  // 点亮LED灯
   else// 否则
     { digitalWrite(pin,LOW);}   // 熄灭LED灯
}
```

**注意**：因电容的放电过程，当倾斜开关从导通变到开路状态后，从模拟引脚1读取的数据并不会立即降为0，因而LED灯并不会立即熄灭，所以，为提高开关的灵敏度，程序判断时，只要$i$的值不大于1000（约4.9V）就让LED灯熄灭。

【实验】

连接电路，设计一个倾斜开关实验，并测试其灵敏度，分析其优缺点。

## 三、倾斜开关应用实例

悬挂倾斜开关常用于工业生产中的料流检测、料位检测和安全保护等方面。一般来说，轻型倾斜开关TC-3X适合测量重量较轻、颗粒大小适中的物料（如240～960kg/m³或者微粒尺寸小于50mm），常用于谷粒、饲料、塑料球和宠物食品等原料推送中；而重型倾斜开关TC-1则适合测量粗糙的物料（720kg/m³或者微粒尺寸超过50mm），其典型的应用原料包括煤炭、矿石、岩石、混合物等。如图3-7所示即为倾斜开关在生产、生活和安全保护中的应用实例。

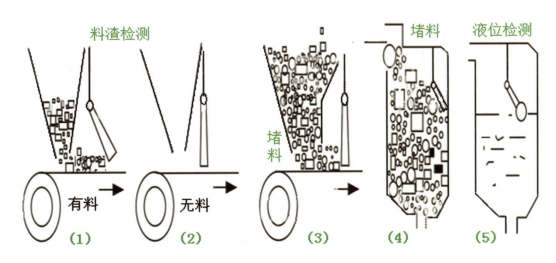

图3-7　悬挂倾斜开关用于工业生产中

（1）渣料检测：图3-7（1）、（2）的设计说明，当悬挂倾斜开关处于开路状态时，表示传送带上有料在传送，否则表示无料传送。

（2）堵料判断：图3-7（3）的设计表示，当悬挂倾斜开关处于导通状态时，就判断出料口被堵住，而传送带上无料被传送；而图3-7（4）的设计表示，当悬挂倾斜开关处于倾斜即开路

状态时，就判断出料口被堵住，否则处于高位的倾斜开关应该处于垂直悬挂状态。

（3）液位检测：图3-7（5）的设计表明，液位比较低时，倾斜开关应处于垂直悬挂即导通状态，若处于倾斜即开路状态，则能判断液位较高。

【讨论】

交流并讨论倾斜开关在各行业中的应用情况。

## 四、简易计步器

人们走路时，身体的主干部位会随着脚步的走动而上下起伏，因而用滚珠倾斜开关，可以设计出简易计步器。下面用滚珠倾斜开关和数码管来进行计步实验。

### 1. 数码管

数码管是一种半导体发光器件，其基本单元是发光二极管，能显示1个"8"的称为1位数码管，如图3-8左图所示；能显示多个"8"的称为多位数码管，如4位数码管等。

发光二极管单元的连接方式可分为共阳极和共阴极两种。共阳极数码管是指将所有发光二极管的阳极接到一起形成公共阳极（COM）的数码管，应用时应将公共阴极COM接到+5V，当某一字段发光二极管的阴极为低电平时，相应字段就点亮，当某一字段的阴极为高电平时，相应字段就不亮。共阴数码管是指将所有发光二极管的阴极接到一起形成公共阴极（COM）的数码管，应用时应将公共阴极极COM接到地线GND上，当某一字段发光二极管的阳极为高电平时，相应字段就点亮，当某一字段的阳极为低电平时，相应字段就不亮，数码管结构及引脚如图3-8所示。

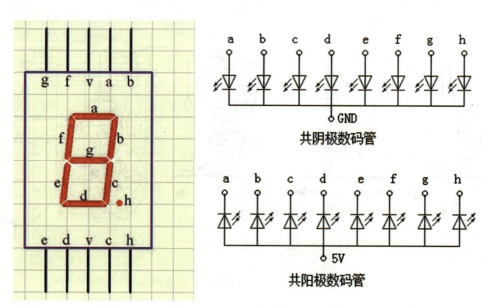

图3-8 数码管结构及引脚

### 2. 计步实验

实验目的：通过滚珠倾斜开关对走步进行记录，每走一步，倾斜开关导通一次，数码管的数字显示就增加 1。

实验器材：滚珠倾斜开关 1 个、共阳极数码管（5011BH）1 个、220Ω 电阻 1 个、Arduino 板、面包板，导线若干。

1）计步实验电路

实验按图 3-9 所示电路接线，其中滚珠倾斜开关可别在腰上，再通过连接线连接到面包板上。

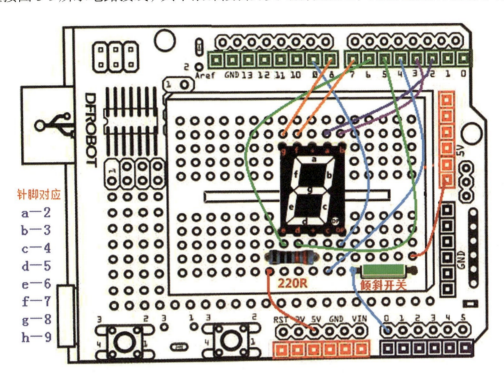

图 3-9　计步实验电路连接

2）计步实验程序

```
int n=0,i=0,z=0,sz[8];
void setup() {
  for(int i=2;i<=9;i++)      // 激活 2～9 号引脚作为输出
    {pinMode(i,OUTPUT);}
}
void xianshi(int L1,int L2,int L3,int L4,int L5,int L6,int L7,int L8)
// 用于显示数字的函数，点亮与数字有关的 LED 单元
// 本函数无返回值，函数类型可用 void；void 表示无类型无返回值
{ int sz[8]={L1,L2,L3,L4,L5,L6,L7,L8};z=0;   // 初始化数组
  for(int x=2;x<=9;x++)
    {digitalWrite(x,sz[z]); z++;if (z>=9) z=0;}
  delay(500);                // 延迟时间，应设置为少于两步之间的时间
}
void loop()
{ i=analogRead(0);            // 读模拟引脚 A0 的电压值
  if(i>1010)                  // 如果大于 1010（约 4.93V）
    { n=n+1; if(n>=10 ) n=0;}           // 等于 10 则归 0（或进位）
```

```
      if (n==0) xianshi(0,0,0,0,0,0,1,1); // 显示 0
      if (n==1) xianshi(1,0,0,1,1,1,1,1); //1
      if (n==2) xianshi(0,0,1,0,0,1,0,1); //2
      if (n==3) xianshi(0,0,0,0,1,1,0,1); //3
      if (n==4) xianshi(1,0,0,1,1,0,0,1); //4
      if (n==5) xianshi(0,1,0,0,1,0,0,1); //5
      if (n==6) xianshi(0,1,0,0,0,0,0,1); //6
      if (n==7) xianshi(0,0,0,1,1,1,1,1); //7
      if (n==8) xianshi(0,0,0,0,0,0,0,1); //8
      if (n==9) xianshi(0,0,0,0,1,0,0,1); //9
}     // 函数中的 0 表示低电平，1 表示高电平
```

【实践】

设计并制作一个简单实用的计步器，测试其灵敏度，并加以改进。

● 项目实施

各小组根据项目选题及拟定的项目方案，结合本节所学知识，熟悉倾斜开关等传感器的使用方法，尝试在自选项目中加入相应的开关装置，增强项目的操控性。

# 第二节 路灯控制系统

继电器（relay）是一种电控制器件，是当输入量（激励量）的变化达到规定要求时，在电气输出电路中使被控量发生预定的阶跃变化的一种电器。它具有控制系统（又称输入回路）和被控制系统（又称输出回路）之间的互动关系。通常应用于自动化的控制电路中。

简而言之，继电器是用小电流去控制大电流运作的一种"自动开关"，在电路中起着自动调节、安全保护、转换电路等作用。

## 一、电磁继电器及其控制原理

电磁继电器一般由铁芯A、线圈B、衔铁C、触点簧片D等组成，如图3-10所示。

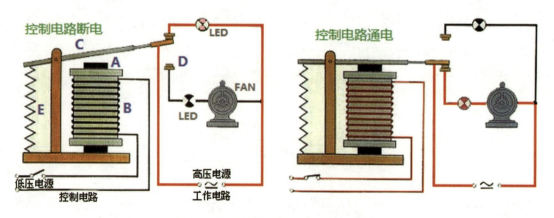

图 3-10 电磁继电器及其控制原理

## 1. 电磁继电器的基本知识

吸合：只要在线圈 B 两端加上规定的电压，线圈中就会流过一定的电流，从而产生较强的电磁效应，衔铁 C 就会在这种较强电磁力的作用下克服弹簧的拉力吸向铁芯 A，从而带动衔铁的动触点与静触点 D（常开触点）吸合，如图 3-10 右图所示。

释放：当线圈断电后，电磁力也随之消失，衔铁就会受弹簧的反作用力返回到原来的位置，使动触点与静触点 D 断开，而与原来的常闭触点连接，如图 3-10 左图所示。

这样吸合、释放，就能够达到用弱电（小电流或安全电压）控制强电（大电流或高电压）的目的，实现在强电电路中的导通、切断的作用。

## 2. 继电器的种类

继电器是具有隔离功能的自动开关，其种类繁多，这里仅做简单介绍。

（1）按继电器的工作原理或结构特征分类：电磁继电器、固体继电器、温度继电器、舌簧继电器、时间继电器、高频继电器、极化继电器，以及光继电器、声继电器、热继电器、仪表式继电器、霍尔效应继电器、差动继电器等。

（2）按继电器的外形尺寸分类：微型继电器、超小型微型继电器、小型微型继电器。

（3）按继电器的负载分类：微功率继电器、弱功率继电器、中功率继电器、大功率继电器。

（4）按继电器的防护特征分类：密封继电器、封闭式继电器、敞开式继电器。

（5）按继电器的动作原理分类：电磁型、感应型、整流型、电子型、数字型等。

（6）按照反应的物理量分类：电流继电器、电压继电器、功率方向继电器、阻抗继电器、频率继电器、气体（瓦斯）继电器。

（7）按照继电器在保护回路中所起的作用分类：启动继电器、量度继电器、时间继电器、中间继电器、信号继电器、出口继电器。

图 3-11 所示为 JQC-3FF 微型电磁继电器（输入回路 5V DC，输出回路 10A 277V AC），常应用于家居生活之中。

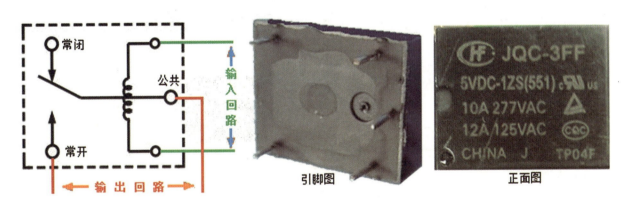

图 3-11 JQC-3FF 微型电磁继电器

图 3-12 所示为某公司生产的小型微型电磁继电器（输入回路 3～32V DC，输出回路 40A 50～440V AC），常用于工业电路控制。

图 3-12 小型微型电磁继电器

## • 探究活动

**【思考】**

为什么需要继电器？其一般使用于哪些场所？请举例说明。

## 二、继电器控制实验

为更好地了解继电器的实际使用情况，在此选用微型继电器 HRS1H-S-DC5V 进行实验。

输入回路：5V DC（5V 直流）。

输出回路：1A，24V DC；1A，120V AC（1A，24V 直流或 120V 交流）。

（1）所需元器件：Arduino 板，微型继电器，LED，小风扇，连接线若干。

（2）实验电路：如图 3-13 所示，其中 1～2 为输入回路——控制电路，3～6 为输出回路——工作电路。

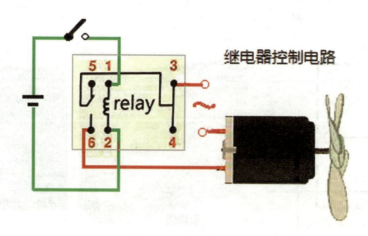

图 3-13 继电器控制电路

（3）程序及电路连接：如图 3-14 所示，编写程序让 Arduino 自动控制输入回路的通、断（时间间隔 5s）；当数字 10 引脚供电（digital10 高电平）时，继电器输入回路通电使 4 与 6 接通，电扇通电运转；当数字 10 引脚断电（digital10 低电平）时，继电器恢复常态使 4 与 5 接通，电扇断电停转。

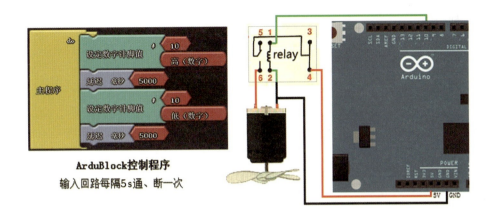

图 3-14　继电器控制电风扇运行

【实践】

上述实验为通过程序自动控制继电器的开关，在很多实际使用场景中，往往需要通过一个按钮或开关实现对强电电路的控制。请在上述实验的基础上，加入按钮开关元器件，模拟实现用输入回路手动对输出回路的控制。

## 三、路灯控制系统

"路灯怎样自动点亮"的问题，即可通过上述继电器工作原理找到一个较好的解决方案。

### 1. 感光路灯控制器

前面所做的感光实验，只能用来演示，因为实际的路灯工作电压不是 5V，而是 220V（或 380V），并且数量众多，电流大。因此，要想实现真实的路灯控制系统，就必须使用继电器，并且必须根据路灯消耗功率选用合适规格（关键看输出回路的额定电流和电压）的继电器，其控制系统电路如图 3-15 所示。

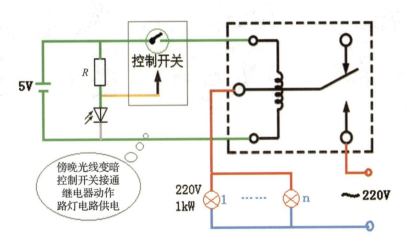

图 3-15　感光路灯控制系统

提示：由于 220V 电压电路具有很高的危险性，凡涉及此类强电实验，请同学们务必在老师、家长或专业电工的指导下进行，切勿单独尝试。

## 2. 时基控制系统

对路灯的自动控制，除了使用感光传感器的方法外，还可用其他方法，比如时基控制的方法，但不论应用什么方法，都离不开继电器。

时基控制的基本原理是：当时间到达傍晚某一时刻（比如 18:00），时基电路就触发输出一个信号，让继电器动作，并维持一段时间（比如 12h），给路灯电路供电；达到维持时间后，继电器恢复到常态，路灯电路断电。

学校的自动电铃系统也是时基控制系统的另一种具体应用。

【调查】

实地调查学校电铃系统的运行情况，据此设计一个电铃系统，并进行实验模拟。

● 项目实施

各小组根据项目选题及拟定的项目方案，结合本节所学知识，将继电器应用到自选项目中，并用它实现对其他 Arduino 设备的控制。

# 第三节　马达的驱动与控制

直流减速电机，即齿轮减速电机，是在普通直流电机的基础上，加上配套齿轮减速箱，能够提供较低的转速，并产生较大的力矩，通常也称为齿轮马达或齿轮电机。TT 马达作为其中的一员，因组装简单、扩展性能强、价格低廉等诸多特点受到广大师生和电子爱好者的喜欢，并被广泛应用于电子 DIY、机器人制作、智能车制作环节中的重点动力装置，如图 3-16 所示。

图 3-16　常见智能小车及马达应用

## 一、TT 马达及其驱动

### 1. TT 马达的构造及原理

TT 马达主要由外壳、直流电机和齿轮组构成，如图 3-17 所示，一端有两个金属电源接头，另一端有连接轮子的轴，只要给两个电源接头加上 3～6V 的直流电即可驱动电机朝某一方向转动，更换电源正负极性即可实现反转。一般情况下，应为马达单独供电，以避免其因状态改变而导致电路电流的大幅变化波动，进而影响 Arduino 电路中其他元器件的电流或电压。

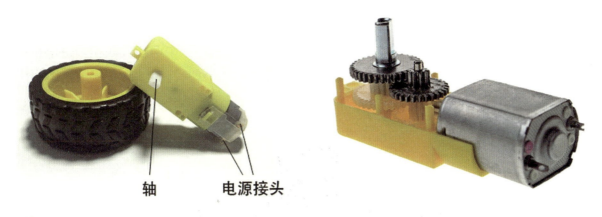

图 3-17　TT 马达的结构图

● 探究活动

【实践】

将 3～6V 直流电直接接至马达两端，观察其是否可正常转动，并尝试改变其转动方向。

2. TT 马达驱动

在实际作品制作过程中，常常需要对马达的开和关，以及方向和速度等进行控制，而 Arduino 等主板由于能够提供的电流较小，没有足够电流驱动 TT 马达等大功率元器件，因此在开发实际作品时，常需要通过额外的驱动板来实现对 TT 马达的驱动。常用的驱动模块有 L9110 和 L298N 等多种，如图 3-18 所示。L9110 因其体积更小，在一些对体积要求较高、无须载重等的项目中使用居多，但 L298N 因其具有更大的电压范围和供电电流，也经常运用于各个项目作品中。由于其他驱动板的使用和程序均与 L298N 的使用方法类似，因此，下面以 L298N 驱动板为例介绍 TT 马达的驱动和控制。

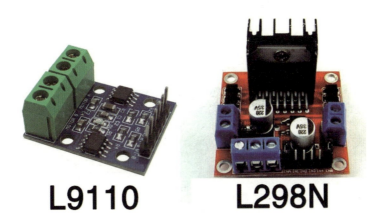

图 3-18　马达驱动模块

## 二、L298N 驱动板

L298N 是一种高电压、大电流电机驱动芯片,最高工作电压可达 46V,输出电流大,瞬间峰值可达 3A,持续工作电流为 2A,额定功率为 25W,内含 2 个 H 桥高电压大电流全桥驱动器,可用来驱动直流电机和步进电机等,有两个使能控制端,可驱动 1 个两相或四相步进电机或者 2 个直流电机,不仅可以驱动 TT 马达等直流电机,也可以驱动小型步进电机,适用范围较为广泛。L298N 驱动板的引脚及其功能如图 3-19 所示。

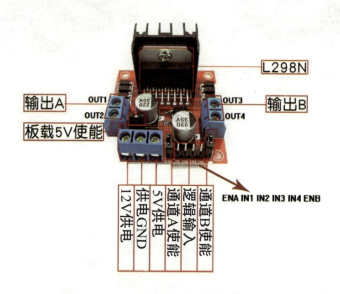

图 3-19 L298N 的引脚及功能说明

L298N 的引脚按照功能,主要划分为四大类:信号输出、信号输入、信号使能、电源。

(1)信号输出引脚,也就是将控制信号从 L298N 传送至马达的接口,总共有 4 个引脚,即图 3-19 中两侧的输出 A(OUT1 和 OUT2)和输出 B(OUT3 和 OUT4),分别与 TT 马达相连。

(2)信号输入引脚,也就是图 3-19 中的"逻辑输入"所包含的 4 个引脚(IN1、IN2、IN3、IN4)。其中 IN1 和 IN2 对应控制输出 A(OUT1 和 OUT2),IN3 和 IN4 对应控制输出 B(OUT3 和 OUT4)。IN1~IN4 对应接 Arduino 的 4 个数字引脚,要实现对马达的转动及方向控制,只需要将对应的数字引脚写入高低电平信号,即可让输出 A 和输出 B 产生正转、反转和停止的效果,具体的信号输入与输出关系如表 3-2 所示。

表 3-2 马达控制信号对照表

| 马达旋转方式 | IN1 | IN2 |
|---|---|---|
| 正转 | 高 | 低 |
| 反转 | 低 | 高 |
| 停止 | 低 | 低 |
| 停止 | 高 | 高 |

【实践】

对照表3-2，测试并记录TT马达的旋转方向及输入与输出信号的关系。

（3）信号使能引脚，即图3-19中的"通道A使能（ENA）"和"通道B使能（ENB）"，其作用是对马达进行调速（通道A控制输出A，通道B控制输出B）。如果马达需要调速，则需要将这两个跳线帽拔掉，并将外侧标有ENA和ENB字样的针脚分别连接到Arduino的PWM接口。

（4）电源引脚，共有4个，其中图3-19中的5V供电是指逻辑电压，即L298N板本身的供电引脚，常接5V电压；12V供电是指电机工作电压，支持5～35V，常外接7～12V电压。

当电机工作电压为7～12V时，可用使能板载的5V逻辑供电，从而让为电机供电的外接电源同时也为L298N板供电，这时，此接口中的+5V供电端口无须输入电压，表现为输出状态，同时它还可以外接至Arduino的Vin引脚，为Arduino供电。这种电源连线方法是Arduino小车中较为常见的应用方式，其电路连接可参考图3-20中的方式。

当电机工作电压高于12V小于等于24V时，比如要驱动额定电压为18V的其他马达，则应先拔除板载5V使能的跳线帽，并在5V供电端口再接入外部5V电压以对L298N内部逻辑电路进行供电，此时5V供电端口为输入状态。

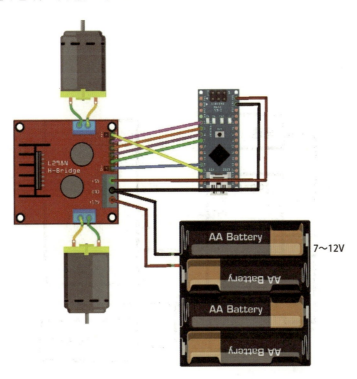

图3-20　常见Arduino与L298N连接方式

## 三、TT马达驱动实验

Arduino控制常见智能小车的运动，可通过一个小实验进行测试。实验中，可通过让小车左右轮分别以全速一直运行和慢慢加速运行的方式进行观察，比较两种方式的区别。

1. 实验器材

Arduino 主板、L298N 驱动板、TT 马达、电池、开关、小车（底板和轮子）等，如图 3-21 所示。

图 3-21　小车所需器材及实物图

2. 电路连接

实验按图 3-22 所示电路接线，其中 7～12V 电池可用常见的 9V 方形电池或 4 节 AA 电池。

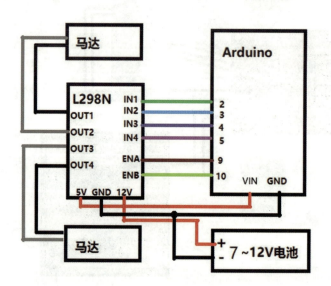

图 3-22　Arduino 控制 TT 马达电路连接图

3. 小车控制实验程序

```
int input1 = 2; // 定义pin 2 向 input1 输出
int input2 = 3; // 定义pin 3 向 input2 输出
int input3 = 4; // 定义pin 4 向 input3 输出
int input4 = 5; // 定义pin 5 向 input4 输出
```

```
int input9 = 9; // 定义pin 9 向 ENA 输出，pwm控制左轮车速
int input10 = 10; // 定义pin 10 向 ENB 输出，pwm控制右轮车速
void setup() {
// 初始化各IO，模式为OUTPUT 输出模式
pinMode(input1,OUTPUT);
pinMode(input2,OUTPUT);
pinMode(input3,OUTPUT);
pinMode(input4,OUTPUT);
pinMode(input9,OUTPUT);
pinMode(input10,OUTPUT);
digitalWrite(input1,LOW);
digitalWrite(input2,LOW);
digitalWrite(input3,LOW);
digitalWrite(input4,LOW);
}
void loop() {
  //pwm控制速度，每隔0.5s加速一次
  for(int i=0;i<=255;i=i+10)
    {
      analogWrite(input9,255);    // 左轮全速运行
      analogWrite(input10,i);     // 右轮逐渐加速
      //forward 前进
      digitalWrite(input1,HIGH);// 给高电平
      digitalWrite(input2,LOW); // 给低电平
      digitalWrite(input3,HIGH);// 给高电平
      digitalWrite(input4,LOW); // 给低电平
      delay(500);               // 延时0.5s
    }
}
```

【实践】

设计并制作一个基础版的智能小车平台，实践利用Arduino+L298N控制小车的方法。

● 项目实施

各小组根据项目选题及拟定的项目方案，结合本节所学知识，熟悉马达的使用方法，尝试在自选项目中加入相应的电动控制装置，增强项目的操控性。

## 第四节　舵机的驱动与控制

舵机是一种位置（角度）伺服的驱动器，简称伺服马达（servo motor），最早用于船舶上实现转向功能，由于可以通过程序连续控制其转角，因而被广泛应用于航模、智能小车的转向以及机器人的各类关节运动中，如图3-23所示。

图3-23 舵机用于机器人中

## 一、舵机及其控制原理

### 1. 舵机的构造

舵机主要由外壳、电路板、无核心马达、齿轮与位置检测器（可调电阻）构成，如图3-24所示。普通舵机有3根线：GND（黑或棕，地线）、VCC（红，5V电源线）、Signal（黄，控制线），一般情况下，应为舵机单独供电，实验中往往用Arduino为舵机供电。

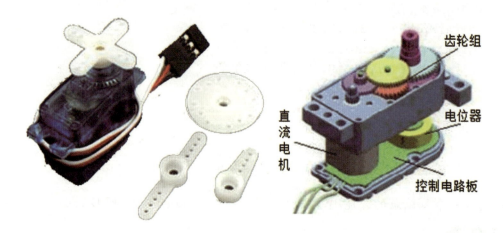

图3-24 舵机的基本构造

### 2. 舵机的工作原理

舵机的工作原理是当舵机接收到控制信号后，先经电路板上的IC判断转动方向，再驱动无核心马达开始转动，经过减速齿轮将动力传至摆臂，同时由位置检测器送回信号，判断是否已经到达定位角度。

其工作流程为：控制信号→控制电路板→电机转动→齿轮组减速→舵盘转动→位置反馈电位计→控制电路板反馈。

舵机的控制信号为周期20ms的脉冲调制（PWM，见本节拓展资源）信号，其中脉冲宽度为0.5～2.5ms，相对应的舵盘位置为0°～180°，呈线性变化。也就是说，给它提供一定的脉宽，它的输出轴就会保持在对应角度上（无论外界转矩怎么改变），直到给它提供一个其他宽度的脉冲信号，它才会将输出角度改变到新的对应位置上，如图 3-25 所示。

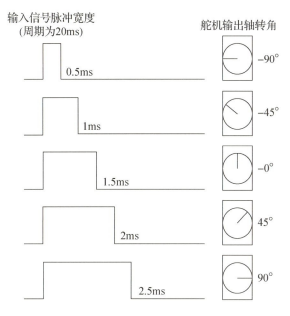

图 3-25　舵机输出转角与输入脉冲的关系

## ● 探究活动

【思考】
如何在 Arduino 中进行脉冲信号的控制？

## 二、舵机的驱动实验

为更好地理解舵机的工作方式，在此进行脉冲驱动实验和循环转动实验。两个实验所用舵机连接都一样，GND 接地，VCC 接 5V，控制线接数字针脚 9，如图 3-26 所示。

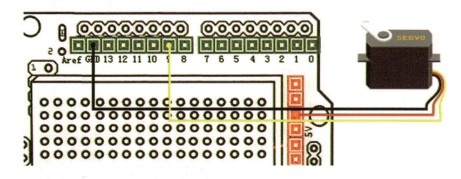

图 3-26　舵机与 Arduino 的连接

### 1. 脉冲驱动舵机

先给舵机以 1.5ms 的脉冲宽度（周期 20ms），让舵机处于 0° 的初始位置，然后依次加上 0.8ms、1.0ms、1.5ms、2.0ms 和 2.2ms 的脉冲宽度，让舵机分别处于 -60°、-45°、0°、45°、60° 的角度。程序如下：

```
void setup()
{ pinMode(9,OUTPUT);}// 设置数字引脚 9 输出
void loop()
{ PWM(1.5);   // 初始位置 0°
  PWM(0.8); PWM(1.0); PWM(1.5); PWM(2.0); PWM(2.2);
}
void PWM(float t)                        // 脉冲宽度设置函数，无返回值
{   for(int i=1;i<=5;i++)                // 循环 5 次
    { digitalWrite(9,HIGH);delay(t);     // 针脚 9 高电平保持时间 tms
      digitalWrite(9,LOW);delay(20-t);}  // 针脚 9 低电平保持时间 20-tms
    delay(1000);                         // 等待 1000ms，让舵机转到指定位置
}
```

### 2. 循环转动舵盘

让舵机舵盘在 0°～180° 范围内循环转向，即每隔 15ms 转动 1°，重复 180 次，再从 180° 回转到 0°……其 ArduBlock 程序如图 3-27 所示。

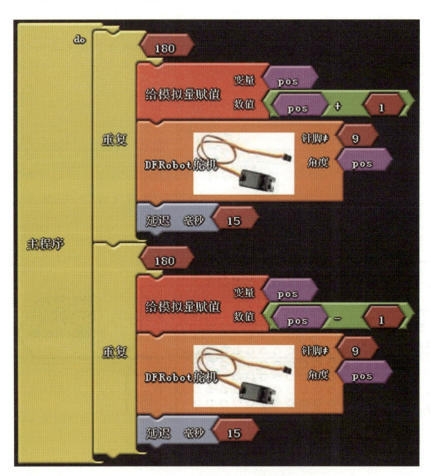

图 3-27　循环转动舵盘程序

【实践】

编写程序控制舵机的转动，并观察其变化的范围。

## 三、手动控制舵机

通过手动调节电位器，改变输入舵机的脉冲信号，控制舵机转向。

（1）电路连接：舵机控制线仍然接数字针脚 9，VCC 接 5V，GND 接地；电位器两端分别接 5V 和 GND，中间可调端接模拟针脚 0，如图 3-28 所示。

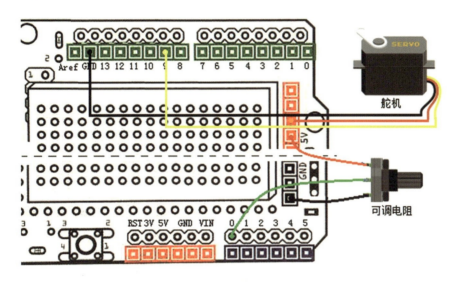

图 3-28 电位器控制舵机电路连接

（2）对应的舵机控制 ArduBlock 程序如图 3-29 所示。

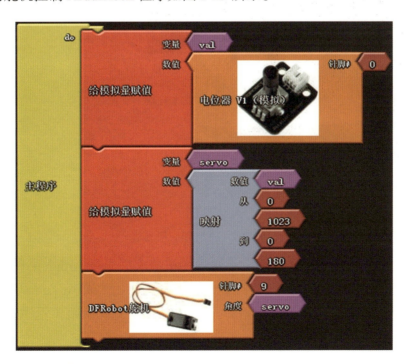

图 3-29 手动控制舵机程序

**注意**：从电位器获得的模拟值为 0～1023，需将其映射到 0°～180°的角度，从而驱动舵机转向。

**【思考】**

在实际控制舵机转动的过程中，经常会碰到舵机卡住的情况，试通过实验分析其原因并解决这一问题。

## 四、舵机的常见应用

舵机作为可转动的装置，常常应用于机械手和机器人中。

（1）机械手搬运货物：利用由多个舵机组成的机械手，通过 Arduino 编写程序，可以将货物从一个地方搬运到另一个地方，如图 3-30 所示。

图 3-30　机械手搬运货物

（2）机器人翻跟斗：利用由多个舵机等构成的机器人，通过 Arduino 编写程序，可以实现机器人的简单行走和翻跟斗表演。如图 3-31 所示的机器人，由 1 块 Arduino UNO 板、4 个 SG90 舵机、1 个锂电池和通过 3D 打印机打印的相关配件构成，其行走和翻跟斗程序见本节的拓展资源。

**【实验】**

尝试设计一个利用舵机控制的简易机械手或机器人方案，并进行控制实验。

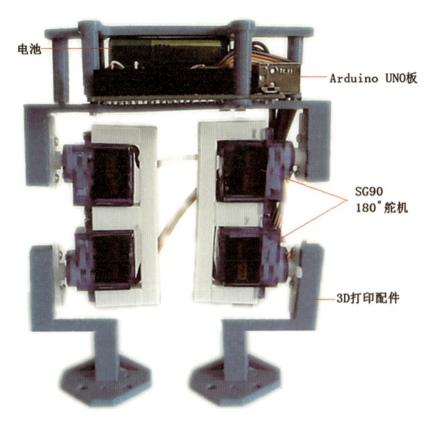

图 3-31　由舵机和 3D 打印配件构成的机器人

【拓展】

一、手控驱动舵机程序

```
//（参考样例程序 IDE>File>Examples>Servo>Knob）
#include <Servo.h>
Servo myservo;                    // 创建一个舵机控制对象
int potpin = 0;                   // 设置电位器接模拟针脚 0
int val;                          // 该变量用于存储舵机角度位置
void setup()
{ myservo.attach(9); }            // 该舵机由 Arduino 第 9 针脚控制
void loop()
{ val = analogRead(potpin);       // 读取电位器控制的模拟值（范围在 0～1023）
val = map(val, 0, 1023, 0, 179);  // 映射函数，将 0～1023 映射为 0°～179°
myservo.write(val);               // 指定舵机转向的角度
delay(15);                        // 等待 15ms 让舵机到达指定位置
}
```

二、脉宽调制 PWM

1. 如何获得模拟输出

一般来说，Arduino 通过数字引脚输出的电压只有高电平 5V 和低电平 0V，现在若想获得 0～5V 的任意一个输出电压，如 1V、3V、4.2V 等，该怎么办呢？

也许，有人会想到串联分压的方法，即通过串联电路用串联电阻来分压。这个想法当然有道理，但若想获得任意值的电压，实现起来则很麻烦，需要不停地手工更换电阻，不切实际。这种情况下就需要使用PWM了。

2. PWM是什么

PWM是脉冲宽度调制（Pulse-width modulation），简称脉宽调制，是使用数字手段来控制模拟输出的一种方法，即通过控制脉冲宽度来获得输出值。

Arduino的数字引脚只有0V（LOW）与5V（HIGH）的电压输出，若把LOW定义为0，HIGH定义为1，根据Arduino的频率500Hz/s可知周期为2ms，则在其周期内一直输出1就是输出最高电压5V，一直输出0就是输出最低电压0V，交替输出1和0即可实现输出中间电压2.5V，如图3-32所示。

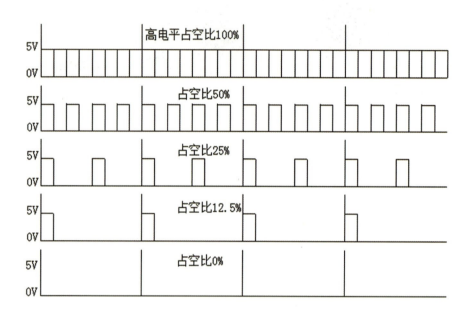

图3-32　PWM脉宽调制

PWM就是根据这一原理，通过控制0与1的输出比例来控制输出电压。在Arduino的analogWrite()命令中可以操控的范围为0～255（对应于8位的00000000～11111111），即analogWrite(255)表示100%高电平占空比，analogWrite(127)的占空比大约为50%（一半的时间）。

三、机械手与机器人程序

1. 四自由度机械手取货、释放程序

```
#include <Servo.h>
Servo servo1;Servo servo2;Servo servo3;Servo servo4;
void setup()
{ servo1.attach(2); servo2.attach(3);
  servo3.attach(4); servo4.attach(5);
void loop() {                    //1 取货
dongzuo(3,0);delay(500);dongzuo(4,110);delay(500);
  dongzuo(1,50);delay(500);dongzuo(2,160);delay(1000);
  dongzuo(1,70);delay(500);dongzuo(1,90);delay(500);
  dongzuo(3,90); delay(5000);  //2 释放
```

```
  dongzuo(2,160);delay(500);dongzuo(3,0);delay(500);
   dongzuo(1,70);delay(500);dongzuo(1,50);delay(500);
   dongzuo(4,100);dongzuo(2,0);delay(500);dongzuo(1,90);
   delay(500);dongzuo(3,180);}
void dongzuo(int n,int pos)   // 舵机动作函数，无返回值
{ if (n==1) servo1.write(pos);   if (n==2) servo2.write(pos);
  if (n==3) servo3.write(pos);   if (n==4) servo4.write(pos);
  delay(10); }    // 等待20ms，让舵机转到指定位置
```

## 2. 六自由度双足机器人行走、翻跟斗程序

```
#include <Servo.h>
Servo servo1;Servo servo2;Servo servo3;
Servo servo4;Servo servo5;Servo servo6;
// 创建6个舵机控制对象
void setup()
{ // 设置由Arduino控制舵机的针脚
  servo1.attach(2); servo2.attach(3);servo3.attach(4);
  servo4.attach(5); servo5.attach(6);servo6.attach(7);}
void loop()
{ dongzuo(1,90); dongzuo(2,90); dongzuo(3,90); // 初始位置
  dongzuo(4,90); dongzuo(5,90); dongzuo(6,90); delay(500);
  // 行走：脚转，腰转
  dongzuo(3,108); dongzuo(6,98);delay(200);
  dongzuo(1,103); dongzuo(2,103);dongzuo(3,120);
  dongzuo(4,103); dongzuo(5,101);delay(200);
  dongzuo(3,90); dongzuo(6,90);
  delay(200);dongzuo(1,90); dongzuo(2,90);
  dongzuo(4,90);dongzuo(5,90);delay(1200);
  dongzuo(6,72); dongzuo(3,82);delay(200);
  dongzuo(4,77); dongzuo(5,77);dongzuo(6,30);
  dongzuo(1,77); dongzuo(2,79);delay(200);
  dongzuo(6,90); dongzuo(2,77);dongzuo(3,90);
  delay(200);dongzuo(4,90); dongzuo(5,90);
  dongzuo(1,90);dongzuo(2,90);delay(1000);
  // 翻跟斗：头转，腰转
  dongzuo(1,180); dongzuo(4,0); delay(1000); // 头部转90
  dongzuo(2,0); dongzuo(5,180); delay(1000); // 腰部转90
  dongzuo(1,90); dongzuo(4,90); delay(1000); // 头部举身
  dongzuo(2,90); dongzuo(5,90); delay(1000); // 脚部转
  dongzuo(2,180); dongzuo(5,0); delay(1000); // 脚部转90
  dongzuo(1,0); dongzuo(4,180); delay(1000); // 头部转90
  dongzuo(2,90); dongzuo(5,90); delay(1000); // 脚部举身
  dongzuo(1,90); dongzuo(4,90); delay(2500); // 头部转90
}
```

```
void dongzuo(int n,int pos)    // 舵机动作函数,无返回值
{ if (n==1) servo1.write(pos);   if (n==2) servo2.write(pos);
  if (n==3) servo3.write(pos);   if (n==4) servo4.write(pos);
  if (n==5) servo5.write(pos);   if (n==6) servo6.write(pos);
  delay(10);   // 等待20ms,让舵机转到指定位置
}
```

## ● 项目实施

各小组根据项目选题及拟定的项目方案,结合本节所学知识,熟悉舵机和电机等机械控制方法,尝试在自选项目中加入相应的动力装置,增加项目的操控性。

## 第五节　红外收发与遥控

红外遥控是一种无线、非接触控制技术,具有抗干扰能力强、信息传输可靠、功耗低、成本低、易实现等显著优点,被诸多电子设备特别是家用电器广泛采用,并越来越多地应用到计算机系统中。

### 一、红外接收管

红外接收管(IR Receiver),又称红外接收二极管,也可称红外光敏二极管,是一种将红外光信号转换成电信号的元件,一般制作成接收、放大、解调一体头,变成有三个引脚的红外接收头,如图3-33所示。

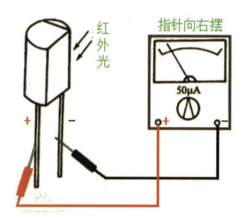 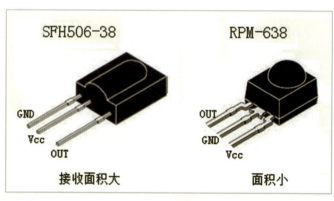

图3-33　红外接收管与红外接收头

红外信号经接收头接收解调后,变成数字"1"和"0"的信号,即高、低电平信号,通常体现在高低电平的时间长短或信号周期上。

**注意**:可见光(红、橙、黄、绿、青、蓝、紫)波长范围为0.76～0.38μm,比紫光波长更短的光叫紫外线,比红光波长更长的光叫红外线。红外线遥控所用波长范围一般为0.76～1.5μm。

## ● 探究活动

【思考】

如何让红外信号被我们"看到"呢?

## 二、红外遥控

红外遥控包括红外发射和红外接收,其发射与接收原理如图 3-34 所示。

当按下遥控器的一个键后,振荡器使芯片激活,将发射一组编码脉冲;红外接收头将接收到的信号过滤放大后,形成与发射波形刚好相反的波形。

这里,我们将通过实验先感受红外管的接收,然后利用红外编码让红外 LED 发射红外光,最后实现红外转码。

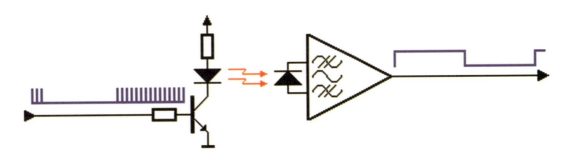

图 3-34 红外发射与接收

要实现红外遥控,首先就必须知道遥控器的指令编码。红外接收实验的目的就是用红外接收管收集红外遥控器的编码。具体可按以下步骤进行。

### 1. 电路连接

红外接收实验电路就是简单的红外接收管电路,即红外管正极接 5V,负极接 GND,控制极接 Arduino 板数字针脚 11,如图 3-35 所示。

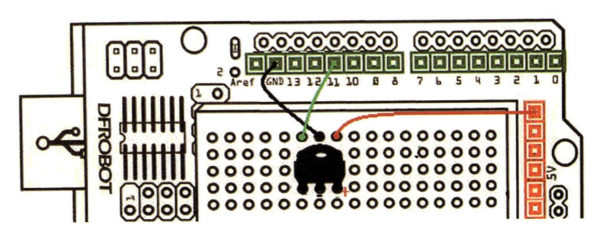

图 3-35 红外接收电路

## 2. 安装 IRremote 库

"库"可以理解为把一些复杂的代码封装后的函数，我们将要用到的 IRremote，是一个支持众多红外协议的库，如 NEC、Sony SIRC、Philips RC5、Philips RC6 等。IRremote 库可在网上下载，文件名为 Arduino_IRremote_master.zip (33.25 KB)。

IRremote 库的安装非常方便，只需将下载的压缩包文件解压到 Arduino IDE 的 libraries 文件夹中，并在其中建立 IRremote 文件夹。注意所有的 *.cpp 和 *.h 文件要在库文件夹 IRremote 中直接显示，不可再嵌套二级目录。

## 3. 红外接收程序

```
// 参照红外接收模块 IRremote 自带范例 IRrecvDemo
#include <IRremote.h>
IRrecv irrecv(11);                          // 设置针脚 11 为红外信号接收端口
decode_results results;                     // 定义 results 变量为红外数据存放位置
void setup()
{Serial.begin(9600);                        // 开启串口，波特率为 9600
  irrecv.enableIRIn();                      // 启动红外解码
}
void loop() {
  if (irrecv.decode(&results)) {            // 把解码数据放入 results 变量中
    Serial.print("irCode: ");               // 把数据输入到串口
    Serial.print(results.value, HEX);       // 显示红外编码，十六进制
    Serial.print(", bits: ");
    Serial.println(results.bits);           // 显示红外编码位数
    irrecv.resume();}                       // 继续等待接收下一组信号
  delay(600);                               // 延时 600ms，简单消抖
}
```

## 4. 记录红外编码

将上述程序上传至 Arduino 板，然后打开 Arduino IDE 的串口监控器，手持遥控器，依序按键，每按一个键就会在串口监视器中输出一个红外编码，将每一个按键对应的红外编码逐一记录到表 3-3 中（注：表中左边列出了常见的 Arduino 配套的袖珍遥控器按键及其编码；同学们也可以试一试其他家用遥控器，并将其按键和编码记录到表中）。

续表

表 3-3 遥控器的红外编码

| 按键 | 红外编码 | 编码位数 | 按键 | 红外编码 | 编码位数 |
|---|---|---|---|---|---|
| 0 | FD30CF | 32 | 0 | E1451C64 | 32 |
| 1 | FD08F7 | 袖珍遥控器 | 1 | A8954B4E | 机顶盒遥控器 |
| 2 | FD8877 | 32 | | | |
| 3 | FD48B7 | 32 | | | |
| 4 | FD28D7 | 32 | | | |
| 5 | FDA857 | 32 | | | |
| 6 | FD6897 | 32 | | | |
| 7 | FD18E7 | 32 | | | |
| 8 | FD9867 | 32 | | | |
| 9 | FD58A7 | 32 | | | |
| VOL+ | FD807F | 32 | | | |
| VOL- | FD906F | 32 | | | |
| … | … | … | | | |

【实践】

设计一个红外收发实验，记录你的遥控器上各按键的编码，与其他同学的编码进行比对，查看异同。

## 三、红外发射

红外光是不可见的，一般需要用手机摄像模式才能看到。现在可用已知的某一红外编码让 LED 发出对应的红外光（不同的红外编码发出不同的红外脉冲信号，程序中所用的红外编码为电视机顶盒遥控器 0 键对应的编码 E1451C64）。

### 1. 电路连接

按图 3-36 所示的电路进行连接。

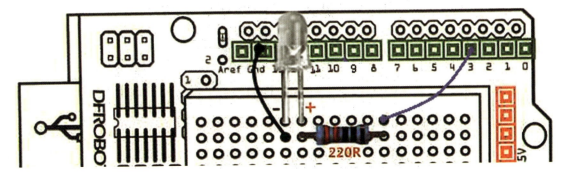

图 3-36 红外发射电路

**注意**：红外线发射器 (IR LED) 必须接到针脚 3，不能接其他针脚位。

【思考】

查找相关资料，了解红外线发射器只能接到第 3 号引脚的原因。

### 2. 红外发射程序

```
// 参照红外接收模块 IRremote 自带范例 IRsendDemo
#include <IRremote.h>          // 引用 IRremote 库
IRsend irsend;                 // 定义 IRsend 物件来发射红外信号
void setup()
{ pinMode(3, OUTPUT);
  digitalWrite(3, HIGH);       // 点亮 IR LED 测试
  delay(3000);                 // 等待 3s
  digitalWrite(3, LOW);        // 结束测试
}
void loop()
{
  irsend.sendNEC(0xFD30CF, 32); // 0x 后可换成熟悉的红外编码
  delay(3000);                  // 等待 3s
}
```

### 3. 红外转码

根据红外发射和接收知识，可以方便地实现红外转码，如将电视机顶盒遥控器各按键的红外编码转码到电视遥控器上，用电视红外遥控器取代机顶盒遥控器等。这里，我们用数码管与红外接收管来进行简单的转码实验。

（1）实验目的：将红外管接收到的红外编码转码为数字在数码管上显示。

（2）实验原理：根据红外接收实验中记录的袖珍遥控器按键及对应的红外编码，若红外管接收到的信号是数字按键信号，则让数码管显示对应的数字。

（3）电路连接：按图 3-37 所示电路，连接数码管和红外接收管。

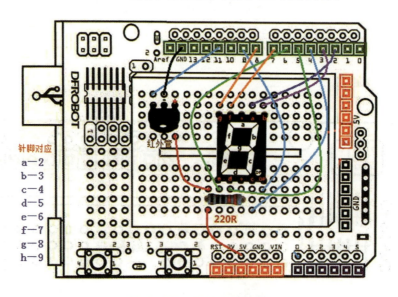

图 3-37 红外转码显示

（4）红外转码显示程序。

```
#include <IRremote.h>
int x=0,z=0,sz[8];
IRrecv irrecv(11);          // 设置 11 为红外信号接收端口
decode_results results;     // 定义 results 变量为红外结果存放位置
void setup()
{ for(int x=2;x<=9;x++)     // 激活 2～9 号引脚作为输出
    {pinMode(x,OUTPUT);}
    irrecv.enableIRIn();    // 启动红外解码
}
void xianshi(int l1,int l2,int l3,int l4,int l5,int l6,int l7,int l8)
// 显示数字函数，点亮与数字有关的 LED 单元
{ int sz[8]={l1,l2,l3,l4,l5,l6,l7,l8};z=0;
    for(int x=2;x<=9;x++)
    {digitalWrite(x,sz[z]); z++;if (z>=9) z=0;}
}
void loop() {
    if (irrecv.decode(&results)) {  // 把解码数据放入 results 变量中
        if (results.value==(0xFD30CF))   xianshi(0,0,0,0,0,0,1,1);  // 按 0 显示 0
        if (results.value==(0xFD08F7))   xianshi(1,0,0,1,1,1,1,1);  //1
        if (results.value==(0xFD8877))   xianshi(0,0,1,0,0,1,0,1);  //2
        if (results.value==(0xFD48B7))   xianshi(0,0,0,0,1,1,0,1);  //3
        if (results.value==(0xFD28D7))   xianshi(1,0,0,1,1,0,0,1);  //4
        if (results.value==(0xFDA857))   xianshi(0,1,0,0,1,0,0,1);  //5
        if (results.value==(0xFD6897))   xianshi(0,1,0,0,0,0,0,1);  //6
        if (results.value==(0xFD18E7))   xianshi(0,0,0,1,1,1,1,1);  //7
        if (results.value==(0xFD9867))   xianshi(0,0,0,0,0,0,0,1);  //8
        if (results.value==(0xFD58A7))   xianshi(0,0,0,0,1,0,0,1);  //9
        irrecv.resume();            // 继续等待接收下一组信号
    } }
```

**【实验】**

编写一个完整的 Arduino IDE 转码程序，进行红外发射、接收及转码实验，制作一个简单实用的红外遥控装置。

**【拓展】**

### 简易红外遥控小车

利用红外接收头，可创作简易红外遥控小车，其电路接线如图 3-38 所示。遥控器的控制键可分别设定为：2—前进，4—左转，5—停止，6—右转，8—后退。

具体实施：

根据 TT 马达的驱动方式，当需要车轮行进时，可将各针脚的电压设置为模拟值 0 或 255（255

约为 3.5V）。因此，如需前进，则可用下列语句实现：

```
analogWrite(5,0);
analogWrite(6,255);
analogWrite(9,0);
analogWrite(10,255);
```

如需后退，则可用：

```
analogWrite(5,255);
analogWrite(6,0);
analogWrite(9,255);
analogWrite(10,0);
```

左转或右转即为：

```
analogWrite(5,0);
analogWrite(6,255);
analogWrite(9,0);
analogWrite(10,0);
```

图 3-38 简易红外遥控小车接线图

**注意**：此红外遥控小车方案只适用于驱动负载比较轻、额定电压比较低的电机，若是负载比较重，则需外接电源，具体方案可参考本章第三节中驱动 TT 马达的方法。

附：简易红外遥控小车程序

```
#include <IRremote.h>
IRrecv irrecv(12);                          // 设置12为红外信号接收端口
decode_results results;                     // 定义results变量为红外结果存放位置
void setup()
{ pinMode(5,OUTPUT);  pinMode(6,OUTPUT);
  pinMode(8,OUTPUT);  pinMode(9,OUTPUT);
  irrecv.enableIRIn();}                     // 启动红外解码
void loop()
  { if (irrecv.decode(&results)) {          // 把解码数据放入results变量中
    if (results.value==(0xFD8877)) yunzhuan(0,255,0,255);    //2 前进
    if (results.value==(0xFD28D7)) yunzhuan(0,255,0,0);      //4 左转
    if (results.value==(0xFDA857)) yunzhuan(0,0,0,0);        //5 停止
    if (results.value==(0xFD6897)) yunzhuan(0,0,0,255);      //6 右转
    if (results.value==(0xFD9867)) yunzhuan(255,0,255,0);    //8 后退
```

```
        irrecv.resume(); }              // 继续等待接收下一组信号
}
uint8_t yunzhuan(int l1,int l2,int l3,int l4)
// 运转函数, 数字口 5、6 为右轮, 8、9 为左轮
{ analogWrite(5,l1);analogWrite(6,l2);
  analogWrite(8,l3);analogWrite(9,l4);
}
```

## ● 项目实施

各小组根据项目选题及拟定的项目方案，结合本节所学知识，熟悉红外等无线控制方法，尝试在自选项目中加入相应的无线控制装置，增强项目的操控性。

## 第六节　物联控制系统

5G 已经近在眼前，万物互联的时代即将来临，那么我们能不能直接用任意一台计算机或手机，通过网页等各种方式，控制和访问自己的单片机或者 Arduino 板呢？换句话说，能否自己建立物联网，通过网络访问来控制家用电器呢？

### 一、以太网扩展板

Ethernet Shield（以太网盾），是一块基于 W5100 以太网芯片的以太网扩展板，不仅兼容各种 Arduino 板，而且提供了一个微型 SD 卡读/写插槽和一个标准的 RJ45 接口。如图 3-39 所示为某公司生产的一款以太网扩展板。

图 3-39　以太网扩展板

该扩展板采用了可堆叠的设计,可直接插到 Arduino 板上,同时也便于其他扩展板再插上去,但须注意数字引脚 10、11、12、13(SPI)用于联通 W5100,因此不能再作为通常的数字输入/输出引脚使用。

利用以太网扩展板,可以轻松地搭建物联网平台,通过网络控制实现对 Arduino 板数字和模拟接口的读/写,从而使 Arduino 成为一台简易 Web 信息服务器和远程电子设备控制器。

## 探究活动

【实践】

利用 Arduino 和以太网扩展板搭建物联网硬件平台。

## 二、搭建 Web 信息服务器

将以太网扩展板插到 Arduino 板上,就构成了一台可以上网的机器,只要在 Arduino 上编写对应的程序,就可以搭建一台提供模拟输入信息服务的简易 Web 信息服务器。

服务目标:将 Arduino 模拟输入引脚上连接各类传感器的信息以网页形式输出,提供给 Web 浏览器客户访问,且每隔一定时间自动刷新网页,即浏览器客户只要输入服务器地址就可以实时访问、监测 Arduino 板所侦测的环境信息。

### 1. 电路连接

将温度传感器、光传感器、空气传感器等接入 Arduino 及其以太网扩展板的 A0、A1、A2 等接口,以监测服务器所在地的温度、光线、空气等数据。

连接方式:可分别单独连接,也可同时连接,如图 3-40 所示。

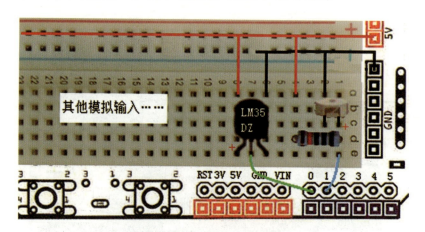

图 3-40　连接模拟输入引脚的设备

### 2. 信息服务程序

Web 服务器的信息服务程序可参照 Arduino IDE 附带的样例进行修改,详见 Arduino\libraries\Ethernet\examples\WebServer\WebServer.ino。

```
#include <SPI.h>          // 包含SPI库文件
#include <Ethernet.h>     // 包含以太网库文件
//mac地址不可缺,若不知设备的mac地址,可按格式先写一个
byte mac[] = {0xDE, 0xAD, 0xBE, 0xEF, 0xFE, 0xED};
IPAddress ip(10, 2, 10, 180);// 修改Arduino设备的IP地址
EthernetServer server(80);   // 初始化服务器,端口80
void setup() {
  Ethernet.begin(mac, ip);// 启动以太连接和服务器
  server.begin();}
void loop() {
  EthernetClient client = server.available();// 获得客户端信息
  if (client) {
    boolean currentLineIsBlank = true;
    while (client.connected()) {
      if (client.available()) {
        char c = client.read();    // 若是换行符且空行则发送网页
        if (c == '\n' && currentLineIsBlank) {
          client.println("HTTP/1.1 200 OK"); // 标准http头
          client.println("Content-Type: text/html");
          client.println("Connection: close"); // 完成连接后关闭
          client.println("Refresh: 3");    // 每隔3s自动刷新页面
          client.println(); client.println("<!DOCTYPE HTML>");
          client.println("<html>");
          for (int A_Channel = 0; A_Channel < 6; A_Channel++) {
            int sensorReading = analogRead(A_Channel);
            client.print("analog input ");// 输出每个模拟引脚的值
            client.print(A_Channel); client.print("is");
            client.print(sensorReading); client.println("<br>");
          }
          client.println("</html>"); break;  // 网页结束,跳出循环
        }
        if (c == '\n') currentLineIsBlank = true; // 开始一个新行
        else if (c != '\r') currentLineIsBlank = false;//(\r回车符)
    } }
    delay(5);      // 给Web浏览器时间接收数据
    client.stop(); // 关闭连接
  }}
```

3. 测试过程

(1)将Web服务器的信息服务程序通过IDE上传到Arduino板,并将以太网扩展板通过网线联网,并连接好各类传感器。

(2)打开手机或电脑上的浏览器,通过IP地址访问刚组建的服务器。

(3)改变服务器所在位置的环境信息,如改变温度、光线等,远程观察服务器环境信息的变化情况。

**【实验】**

根据上述内容,设计一个监测教室环境信息的物联网平台实验方案,并调试软硬件进行测试。

## 三、远程控制电子设备

在由 Arduino 和以太网扩展板组成的简易服务器上,编写互动程序,可以通过网页远程控制服务器上所连接的各种电子设备。

### 1. 电路连接

可以将各类需要远程控制的电子设备连接到因特网扩展板上,此处暂连 LED 和蜂鸣器(绿灯接数字 6 引脚,红灯接数字 7 引脚,蜂鸣器接数字 8 引脚)进行实验,如图 3-41 所示。

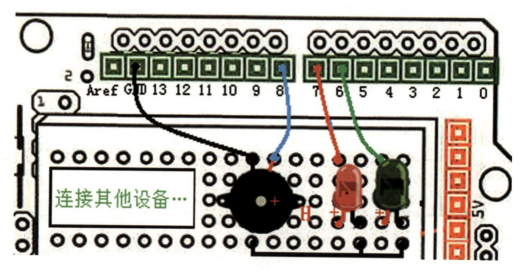

图 3-41 电子设备在服务器端的连接

### 2. 远程控制程序

在服务器上编写互动程序,让 Web 客户利用所访问服务器页面中的按钮远程开关 LED 灯、控制蜂鸣器的发声频率。

```
#include <SPI.h>                              //SPI 库文件
#include <Ethernet.h>                         // 以太网库文件
byte mac[] = {0xDE, 0xAD, 0xBE, 0xEF, 0xFE, 0xED};
IPAddress ip(10, 2, 10, 180);                 // 修改设备的 IP 地址
EthernetServer server(80);                    // 初始化服务器,端口 80
boolean receiving = false;int freq=0,pin;
void setup() {
  pinMode(6,OUTPUT);                          // 设置数字 6 为输出
  pinMode(7,OUTPUT);                          // 设置数字 7 为输出
  Ethernet.begin(mac, ip);                    // 启动以太网连接和服务器
  server.begin();}
void loop() {
```

```
EthernetClient client = server.available();
if (client) {                        // 侦听客户端信息
  boolean currentLineIsBlank = true;
  boolean sentHeader = false;
 while (client.connected()) {
  if (client.available()) {
   char c = client.read();      // 从缓存中读取客户端指令
   if (receiving && c==' ') receiving=false;          // 接收完成
   if (c=='?') receiving=true;// 找到参数，指针移位
   if (receiving) { // 着眼于 GET 请求（执行部分）
    if (c=='L') {
     pin=client.parseInt();      // 解析字符串返回数字函数，详见本节拓展资源
      digitalWrite(pin,!digitalRead(pin));           // 读数字 pin 非
     break; }               // 退出循环以便再次侦听
     else if (c=='S') {
      freq=client.parseInt();
      if (freq==0) noTone(8);   // 数字 8 接蜂鸣器
      else tone(8,freq);
     break; }
    }
    if (!sentHeader) {           // 发送 html 网页（控制部分）
     client.println("HTTP/1.1 200 OK");
     client.println("Content-Type: text/html\n");
     client.println("<form action='' method='get'>"); // 绿色 LED 按钮
     client.println("<input type='hidden' name='L' value='6'>");
     client.println("<input type='submit' value='G LED On & Off'>");
     client.println("</form>");
     client.println("<form action='' method='get'>"); // 红色 LED 按钮
     client.println("<input type='hidden' name='L' value='7'>");
     client.println("<input type='submit' value='R LED On & Off'>");
     client.println("</form>");
     client.println("<form action='' method='get'>"); // 控制发声
       client.println("<input type='range' name='S' min='0' max='8000'
          step='100' value='0'>Hz<br>");
     client.println("<input type='submit' value='Set Frequency'>");
     client.println("</form>");
     sentHeader=true;}
    if (c == '\n' && currentLineIsBlank) break;
    if (c == '\n') currentLineIsBlank=true;
    else if (c != '\r') currentLineIsBlank = false;
   }
  }
  delay(5);                      // 给 Web 浏览器时间接收数据
```

```
    client.stop();            // 关闭连接
  }
}
```

**【拓展】**

上述实验中两个服务器程序的服务器地址都是固定设置的 IP 地址。若想通过 DHCP 动态分配服务器的 IP 地址，则可以采用以下设置代码，同时打开 IDE 的串口监视器查看动态分配到的 IP 地址。

```
void setup() {
  Serial.begin(9600);                // 打开串口通信端口
  pinMode(7,OUTPUT);                 // 设置数字 7 为输出
  if (!Ethernet.begin(mac))          //用 DHCP 分配 IP 地址
  {Serial.println("Could not Configure with DHCP. ");return; }
  else Serial.println("Ethernet Configure! ");
  server.begin();                    // 启动服务器
  Serial.print("Server is at ");// 串口输出服务器 IP 地址
  Serial.println(Ethernet.localIP());
}
```

### 3. 测试过程

（1）将编写好的 Web 服务器远程控制程序通过 IDE 上传到 Arduino 板，并将以太网扩展板通过网线联网，将 LED 接数字 7 引脚，蜂鸣器接数字 8 引脚。

（2）打开手机或电脑上的浏览器，通过 IP 地址访问刚组建的服务器。

（3）在访问页面中，点击开关按钮或改变频率，观察远程服务器上所连接设备的变化状况。

**【实践】**

在教室环境信息监测平台的基础上，加入在局域网内模拟远程控制教室照明系统的功能，并测试和实践。

## 四、广域物联网

用 Arduino 和以太网扩展板，可以轻松地实现局域网内的远程控制，但这样的物联网还只能称为局域网物联网。若想在任何一个地方通过手机或电脑控制家里的电子设备，则还需要建立广域物联网。

建立广域物联网，可以从公网 IP、VPN 通道、公共物联网平台三种方式中任选一种进行实验。

### 1. 申请公网 IP

可以向 ISP 提供商申请一个公网 IP 地址，让其作为 Arduino 服务器的地址，这样，就可以在世界任何地方通过公网 IP 访问自建的物联网服务器了。

### 2. 建立 VPN 通道

如果不想另外申请公网 IP，而仍然沿用自建服务器的局域网 IP（如家中局域网

192.168.0.10），并能在局域网之外，通过手机或电脑来控制家中的 Arduino，那么，就必须想办法建立一个外界隧道连通家里的路由器。显然，这是比较高级的 VPN（Virtual Private Network）技术，这里仅做简单介绍。

（1）给 Arduino 设置固定 IP 地址并配置 MAC。

通过 ipconfig 命令了解局域网 IP 和网关等内容；通过 route -n 命令了解路由指令的使用方法。

在局域网中，给 Arduino 设置一个固定的 IP，并通过路由设置使用这个 IP 来配置或绑定 Arduino 的 MAC 地址。

（2）将 80 端口转发给 Arduino。

在路由器面板上找到正确的选项，并将外部 80 端口（网页信息服务器默认端口）转发给为 Arduino 分配 IP 的内部 80 端口，这样，就能使路由器上 80 端口的所有网络流量都被发送给 Arduino 服务器。

（3）启用 DNS 更新服务。

每台直接访问公网的电脑（或者家中的路由器）都有一个动态的公网 IP，但这个 IP 不固定，是动态变化的。

动态 IP 服务：在路由器上运行一个小程序，周期性地检查自身的动态 IP，再将其发送给一个远程 Web 服务器；远程服务器即更新路由器的子域名（如 myarduino.dyndns.org），即使 IP 变化了，这个子域名也总是指向其变化的 IP——现代路由器一般内建了这类程序，可以直接在上面进行设置。

经过这样设置之后，在公网上就可以访问家中的 Arduino 服务器了。

具体的实施过程，可参阅相关 VPN 资料进行，在此不做详述。

3. 利用公共物联网平台

现在，开源理念在世界范围内被广为接受，在国内，免费的公共物联网平台也有很多，其中比较常用的有乐联网、易联网和中国移动物联网开放平台等。

它们都向用户免费开放，方便用户在其平台虚拟地添加电子设备和传感器，下载对应的程序代码，让用户在任何地方都能通过平台服务器访问和监控自己的设备状况。

（1）用乐联网实时监控温度。

这里以 Arduino + Ethernet Shield + 温度传感器为例，说明利用乐联网实时监控 Arduino 板所在环境温度的实施步骤。

① 注册账号：注册乐联网账号，记下 userkey。

② 登录乐联网：在"我的物联"→"我的设备"中新建一个设备（可用默认设备），记住设备标志；在"我的物联"→"传感器与控制器"中，新建一个传感器并相应修改，记住传感器标志。

③ 连接设备：将以太网扩展板插上 Arduino，连上网线，LM35 温度传感器连接模拟引脚 A0 口。

④ 下载修改程序：从乐联网下载相应的示例程序和库文件，将其解压到 Arduino\libraries 文件夹下；打开 Arduino，选择"文件"→"示例"→ leweiclient-master → append_send，

修改其中的 LW_USERKEY 为自己的 userkey，修改 LW_GATEWAY 为自己的设备标志，修改 IPAddress 的 ip、mydns、gw、subnet 为 Arduino 的 ip、dns、网关、子网掩码，修改 lwc→append("$t_1$","123") 中的 $t_1$ 为自己的传感器标志，123 为 LM35 的数值；最后上传程序到 Arduino 上运行。

⑤ 登录乐联网，查看实时数据（实际上就是循环地将局域网中 Arduino 传感器上的数据上传到乐联网，从而实现实时显示）。

（2）用易联网远程控制电子设备。

用 Yeelink 远程控制电子电器的情况与乐联网类似，其流程如图 3-42 所示，详细过程在此省略。

图 3-42　易联网实时监控设备流程

【体验】

从各公共物联网平台中任选一个进行体验，感受广域物联网的魅力。

【拓展】

1. 字符串返回数字函数

形式：parseInt( numString [, radix ] )

参数：numString 为需要转换为整数的数字字符串；radix，可选，指定的进制基数，2 为二进制，8 为八进制，16 为十六进制等。

作用：将数字字符串 numString 转换为数值。

说明：如果没有提供 radix 参数，则 parseInt() 函数将会根据参数 numString 的前缀来决定转换的进制基数。如果 numString 的前缀是 0x，则转换为十六进制；如果前缀是 0，则转换为八进制；其他情况均转换为十进制。

2. VPN 简述

VPN 是虚拟专用网络 (Virtual Private Network) 的简称。

功能：在公用网络上建立专用网络，进行加密通信。

原理：VPN 网关通过对数据包的加密和对数据包目标地址的转换，让公网中的用户可以通过专用隧道远程访问局域网。例如，假如学校设立了 VPN 服务器，师生就能在任何地方远程访问学校的校内网资源。

● 项目实施

各小组根据项目选题及拟定的项目方案，结合本节所学知识，熟悉物联网平台及使用方法，尝试在自选项目中加入物联网元素，增加项目的远程控制功能。

# 第七节　科技作品创作过程

通过上述内容的学习和实践，我们可以对科技作品的创作过程进行梳理。一般而言，利用开源硬件进行科技作品的创作需要经过确定主题、设计方案、实施方案等阶段，还要通过交流、分享、评价等过程来进一步完善作品。

## 一、确定主题

作品创作的主题往往来源于创作者的亲身实践，来源于创作者本人在实践过程中的灵感火花。作品主题的发现、提出和确定，要注意考虑"三性"原则：科学性、创新性和实用性，并可在此基础上加入娱乐性或交互性。

科学性是指所确定的主题必须有一定的理论依据和事实基础，要符合人类认知和事物发展的基本规律。如果所选的主题在方向上发生差错，那么不论你多么聪明机智，都会遭遇失败。

创新性并不是要求作品完全是独创的，更不是去开辟一个全新的研究领域。提出一个别人还没有研究过的课题，是创新；用与别人不同的研究方法去研究一个已经研究过的课题，是创新；将一种理论、观点首次应用到实际中，是创新；将已经在某一领域得到应用的理论、观点、方法和手段，应用到新的领域中，也是创新；就算在"山寨"产品的基础上进行改进的"造物"和"共享"，也是一种创新。可以说创新无处不在，关键在于你的想法。

实用性就是在确定主题时一定要充分考虑项目研究和创作的主观条件和客观条件。主观条件就是考虑自己的实际情况，如自己现有的知识水平、积累的经验、兴趣爱好、时间和精力等；客观条件就是外部情况，如该项目的外部研究进展状况，与其他人的配合和共享情况，能获得的各种材料和支持等。总之，要从实际情况出发，选择可以通过自己的努力获得成功的主题。

在上述基础上，作为中学生创客，还可以考虑在作品中融入一定的娱乐性与交互性，进而提高作品的艺术性，让作品具备更多的趣味性，从而让自己的作品更受大家的欢迎，更容易进行分享和体验。

本章项目范例"Arduino 遥控小车"即由编者根据实际教学并考虑了同学们在此基础上可以进一步拓展等各项需求所产生的主题，既有一定的代表性，又具有一定的娱乐性和交互性等。

## 二、设计方案

主题确定后，应围绕主题提出切实可行的、指向目标的框架方案（或初步方案）和细化方案。

框架方案包括两大部分，一是采用模块化思想将主题分解为若干部分或若干块分别进行，二是针对创作目标将进程划分为若干阶段。

细化方案，包括具体模块的细化（如原理图、原型图、电路图、效果图等）和阶段目标的细化（阶段计划表、任务进度表）。

本章项目范例"Arduino 遥控小车"的电路图、实物图等方案内容如本章第三节内容所示，更详细的设计和实施方案可参考项目的可视化报告及本节的拓展资源。

## 三、实施方案

科技作品创作方案的实施，主要是准备元器件及工具，按图施工，自行制作。元器件及工具的准备一般以网购为主，网购和制作的过程都要注意成本核算，并练好制作技术，以减少元器件损耗，增强设备的可靠性。

科技作品的创作是一种创造性的脑力劳动，在创作的实施过程中，必定会遇到各种各样的新问题、新困难或挫折，此时，切不可气馁，而要发扬坚韧不拔、刻苦钻研的精神，充分利用各种有利因素，通过网络、论坛、老师、同学等各种途径寻求帮助，争取解决问题、克服困难，从而最终实现技术、能力的提升和核心素养的培养、提高。

## 四、交流分享

交流分享是创客的基本素质之一。

通过交流和分享，不仅能使创作少走弯路，有效地解决创作过程中出现的问题，也是对创作过程和作品的一种促进和激励，从而使作品更完善，创作更完美。

分享与交流的方式多种多样，既可以通过面对面的作品交流，也可以通过互联网将自己作品的所有资源进行共享，还可以线上线下结合沙龙等各种形式进行互动，以增强分享和交流的效果。

在此过程中，我们不仅可以拓宽彼此的知识面，也可以提高自己的专业水平，更可以交到很多志同道合的朋友，可谓一举多得。

## 五、总结评价

在进行交流和分享后，可根据他人对作品的反馈进一步优化，并对作品及自己整个的学习和制作过程进行反思和总结，以进一步完善作品和提升各项能力。

通过总结和自我评价，可对自己所学内容进行系统的梳理，将自己的成功经验进行提炼，同时也能发现自己的不足之处。这也是创客作品创作非常重要的一步。

比如，通过本书的系统学习及实际动手制作，就可以对用 Arduino 进行科技实验的学习过程和主要内容进行梳理和总结，如图 3-43 所示。

通过总结和完善，同学们还可以将自己的作品及制作过程进行整理，尝试参加如青少年科技创新大赛、全国中小学电脑制作大赛创客项目比赛等活动，进一步提升自己的综合能力。在作品确有较强创新性的情况下，甚至可以考虑申请相关专利（有关专利申请的内容，可登录国家知识产权局网站了解相关信息）。

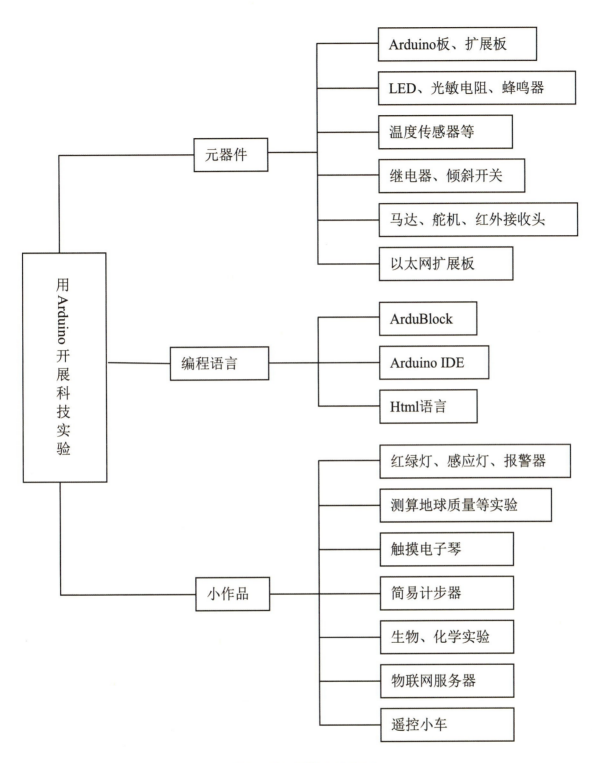

图 3-43　所学内容梳理

## 探究活动

【思考】

请结合本章项目范例，尝试在此基础上进行拓展和完善，并填入表 3-4 中。

表 3-4　作品完善拓展表

| 作品主题 | Arduino 遥控小车 | | |
|---|---|---|---|
| 拓展功能 | 使用场景描述 | 所需元器件 | 备注 |
| | | | |
| | | | |
| | | | |
| | | | |

学无止境，创无终点。同学们也可以考虑如何在本章项目范例的基础上，对遥控小车进行拓展，比如加入无线物联网控制技术、配套继电器和智能家居设备进行智能设备控制等各项功能，对作品进行升级和完善，以满足在实际生活或场景中的应用。

让我们一起动手造物，体验开源魅力，感受创新精神，享受创作乐趣吧。

【拓展】

部分作品创作思路及方案参考如下。

一、作品创作参考——Arduino 小车

问题：能否创作一个类似于机器人的东西，让其循着线路行走？

思路：将 Arduino 置于有电动机驱动的底盘上，组成一台三轮或四轮车；利用光敏电阻对黑、白颜色的不同识别能力，让车循着白线或黑线运动，如若偏离轨迹则能自动返回，就像循迹机器人一样；若遇到障碍物，则自动调整方向或后退转向；若人工干预，则可通过红外（蓝牙或无线）遥控操作。

元器件：Arduino 板，三轮底盘（带万向轮），左后轮、右后轮（直流电机＋轮胎），光敏电阻、超声波测距模块、红外接收头、蓝牙等；列出网购清单（包括单价、总价），写出实施方案（包括电路图、IDE 程序）。

二、作品创作参考——通过网络遥控家电

问题：家中有老人不会使用遥控器看电视，怎样远距离通过网络控制家中电视机，实现远距离开、关电视机并选择播放频道？

思路：①组建家中 Arduino 服务器，建立 VPN 通道，让家中服务器能够在公网被访问；②在 Arduino 服务器上安装红外发射管，让电视机或机顶盒的红外接收管能够接收到红外指令；③用手机或电脑通过网络登录家中服务器，访问服务器的指令页面，选择电视机或机顶盒的开机、关机、选频道等指令，让家中服务器上的红外发射管发出对应的红外指令遥控电视机。

元器件：Arduino 板，以太网扩展板，红外发射管等；列出网购清单（包括单价、总价），写出实施方案（包括电路图、IDE 程序等）。

三、作品创作实施方案

以 Arduino 小车为例，提出几个从简单到复杂、不断改进、逐步完善的实施方案，供参考。

1. 简易红外遥控小车

详见本章第四节拓展资源。

2. 超声波避障小车

利用超声波模块，可以制作一台避障小车。考虑到 Arduino 板的高电平驱动电机扭力不足，

改用继电器供电来驱动电机，电路接线如图3-44所示。此车具有前进、左转、右转功能，遇障碍物可左转或右转；缺陷：无后退功能。

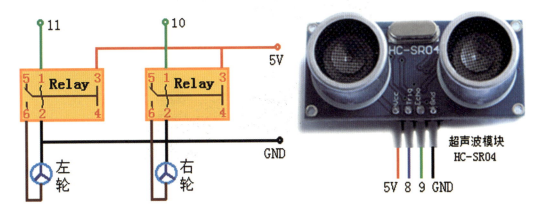

图3-44 超声波避障小车接线图

(1) 超声波避障小车参考程序：

```
float t1;int t2;
void setup()
  { pinMode(9,INPUT);             // 设定echo为输入模式
    pinMode(8,OUTPUT);            // 设定trig为输出模式
    pinMode(10,OUTPUT);           // 设定10右轮/11左轮为输出模式
    pinMode(11,OUTPUT);
    t1 = 0;t2=0; }
void loop()
  {// ******************* 前方测距
    if ( t1 == 0)   {t1 = millis() ; }
    digitalWrite(8,HIGH); delayMicroseconds(10);
    digitalWrite(8,LOW);          // 发一个10μs的高脉冲去触发Trig脚
    float d = pulseIn(9,HIGH);    // 接收高电平时间，单位为ms
    d = d*0.017;                  //d=(340t)/2=170t(m); d=0.017t(cm)
    if (d<20)
      {digitalWrite(10, 1); }     // 若距离少于20cm,则右轮停转
    else
      { digitalWrite(10, 0);      // 正常前进
        digitalWrite(11, 0);
        t2=int((millis()-t1)/1000) ;
        if (t2 % 4 ==  0  && t2 >= 4)
          {digitalWrite(10, 1);}  // 每4s右轮停转，向右转
    }}
```

(2) 超声波避障小车组装，如图3-45所示。

3. 改进版红外遥控小车

由于小车有较大重量，若用上述第一种方案则无法行驶，因而必须改进。

(1) 电路接线图，如图3-46所示。

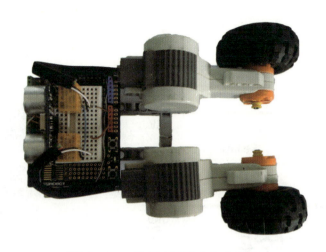

图 3-45 超声波避障小车实物图

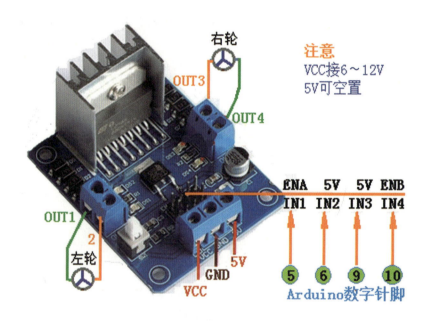

图 3-46 L298N 驱动电路板接线图

改进的关键是增加驱动电路板,提高额定电压,使两电机行驶有力。

(2)程序:通过改变输入信号(将IN1/IN2/IN3/IN4置高电平或低电平),来控制两个电机(分别对应于小车的左轮和右轮)的正转、反转或停止。

Arduino 红外遥控小车(加电机驱动板)程序:

```
#include <IRremote.h>
IRrecv irrecv(12);          // 设置12为红外信号接收端口
decode_results results;     // 定义 results 变量为红外结果存放位置
void setup()
{ pinMode(5,OUTPUT);   pinMode(6,OUTPUT);
  pinMode(9,OUTPUT);   pinMode(10,OUTPUT);
  irrecv.enableIRIn();      // 启动红外解码
}
```

```
void loop() {
  if (irrecv.decode(&results)) { // 把解码数据放入 results 变量中
    if (results.value==(0xFD8877)) yunzhuan(1,0,1,0);    //2 前进
    if (results.value==(0xFD28D7)) yunzhuan(0,1,0,0);    //4 左转
    if (results.value==(0xFDA857)) yunzhuan(0,0,0,0);    //5 停止
    if (results.value==(0xFD6897)) yunzhuan(0,0,0,1);    //6 右转
    if (results.value==(0xFD9867)) yunzhuan(0,1,0,1);    //8 后退
    irrecv.resume(); }        // 继续等待接收下一组信号
}
uint8_t yunzhuan(int l1,int l2,int l3,int l4)
// 运转函数，数字口 5、6 为右轮，9、10 为左轮
{ digitalWrite(5,l1);digitalWrite(6,l2);
  digitalWrite(9,l3);digitalWrite(10,l4);
}
```

（3）组装：改进版红外遥控小车由 L298N 驱动电路板、Arduino 板、4Zm4 红外接收头、遥控器、6V 电池组、简装小车构成，最终效果如图 3-47 所示。

图 3-47　红外遥控小车实物图

4. Android 手机遥控蓝牙小车

利用 App Inventor 自编手机控制程序，通过 Android 手机向蓝牙小车发送控制信号，Arduino 接收到信号后驱动小车。

1）蓝牙小车的构建

构建蓝牙小车，需要用到蓝牙模块，可以采用 BLE-LINK 或 HC-05。BLE-LINK 是基于蓝牙 4.0 的通信模块，它采用 XBEE 造型设计，体积尺寸紧凑，兼容 XBEE 的扩展底座，适用于各种 3.3V 的单片机系统；HC-05 是主从一体的蓝牙串口模块，默认为从模式，即任意蓝牙设备连接模式。

蓝牙的主从模式,可以进入 AT 状态,通过 AT 指令进行设置。BLE-LINK 和 HC-05 的针脚标识如图 3-48 所示。

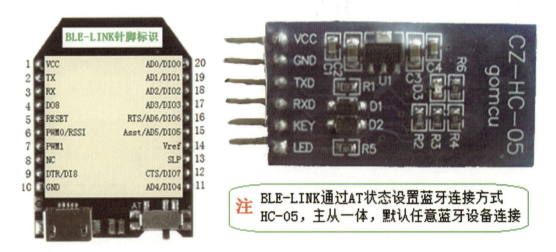

图 3-48　BLE-LINK 与 HC-05 蓝牙模块针脚

尽管 BLE-LINK 蓝牙模块有 20 个针脚,但蓝牙小车能用到的只是 1(VCC)、2(TX)、3(RX)、10(GND)针脚。蓝牙小车就是在红外遥控小车的基础上再增加一个蓝牙模块,BLE-LINK 蓝牙模块与 Arduino 板的连接如图 3-49 所示。注意,除了 RX、TX 需交叉连接外,VCC 应连接 Arduino 板的 3.3V,使用 HC-05 蓝牙模块的接线亦如此。

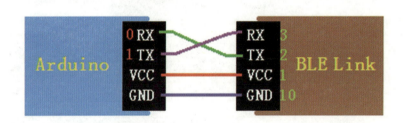

图 3-49　Arduino 板与 BLE-LINK 的连接

2) Arduino IDE 程序

在红外遥控小车程序的基础上,只要加入蓝牙接收指令部分即可实现蓝牙控制功能。

```
#include <IRremote.h>
IRrecv irrecv(12);        // 设置 12 为红外信号接收端口
decode_results results;   // 定义 results 变量为红外结果存放位置
char getstr;
void setup()
{ pinMode(5,OUTPUT);  pinMode(6,OUTPUT);
  pinMode(9,OUTPUT);  pinMode(10,OUTPUT);
  Serial.begin(9600);     // 设置波特率
  irrecv.enableIRIn();    // 启动红外解码
}
void loop() {
  if (irrecv.decode(&results))
```

```
{ //把解码数据放入results变量中
  if (results.value==(0xFD8877)) yunzhuan(1,0,1,0);     //2 前进
  if (results.value==(0xFD28D7)) yunzhuan(0,1,0,0);     //4 左转
  if (results.value==(0xFDA857)) yunzhuan(0,0,0,0);     //5 停止
  if (results.value==(0xFD6897)) yunzhuan(0,0,0,1);     //6 右转
  if (results.value==(0xFD9867)) yunzhuan(0,1,0,1);     //8 后退
  irrecv.resume();     // 继续等待接收下一组信号
}
getstr=Serial.read();                           // 从串口读取蓝牙指令
if(getstr=='f') {yunzhuan(1,0,1,0); }           //f 前进
else if(getstr=='b'){ yunzhuan(0,1,0,1); }      //b 后退
else if(getstr=='l'){ yunzhuan(0,1,0,0); }      //l 左转
else if(getstr=='r'){ yunzhuan(0,0,0,1); }      //r 右转
else if(getstr=='s'){ yunzhuan(0,0,0,0); }      //s 停止
}
uint8_t yunzhuan(int l1,int l2,int l3,int l4)
{ // 运转函数,数字口 5、6—右轮,9、10—左轮
  digitalWrite(5,l1);digitalWrite(6,l2);
  digitalWrite(9,l3);digitalWrite(10,l4);}
```

无论小车前进、后退,还是左转、右转,最好都让电机先停一下,再运转,避免急停急转。

3) 手机控制程序

手机 App 程序,可用 App Inventor 编写,其程序界面如图 3-50 所示。

图 3-50　手机 App 程序设计界面

说明:"信息"用来显示蓝牙的连接状况,字号设置为 18,文本颜色为黄色;"列表选择框"将手机搜索到的蓝牙设备列出来供选择;利用水平布局和垂直布局将"前进""后退""停止""左转""右转"五个按钮置于合适位置,按钮形状设置为椭圆,字号设置为 24。

手机 App 程序的逻辑设计包括:① 手机设为蓝牙客户端,将所搜索到的蓝牙设备作为列表

选择框的元素，准备给用户选择；②将用户选中项作为手机蓝牙连接对象；③当用户点击操作按钮后，调用蓝牙客户端向被连接的蓝牙设备发送数据信息，如点击"前进"按钮发送字符"f"，点击"后退"按钮发送字符"b"，点击"左转"按钮发送字符"l"，点击"右转"按钮发送字符"r"，点击"停止"按钮发送字符"s"。具体代码如图 3-51 所示。更多详细内容可参考 App Inventor 程序设计相关书籍。

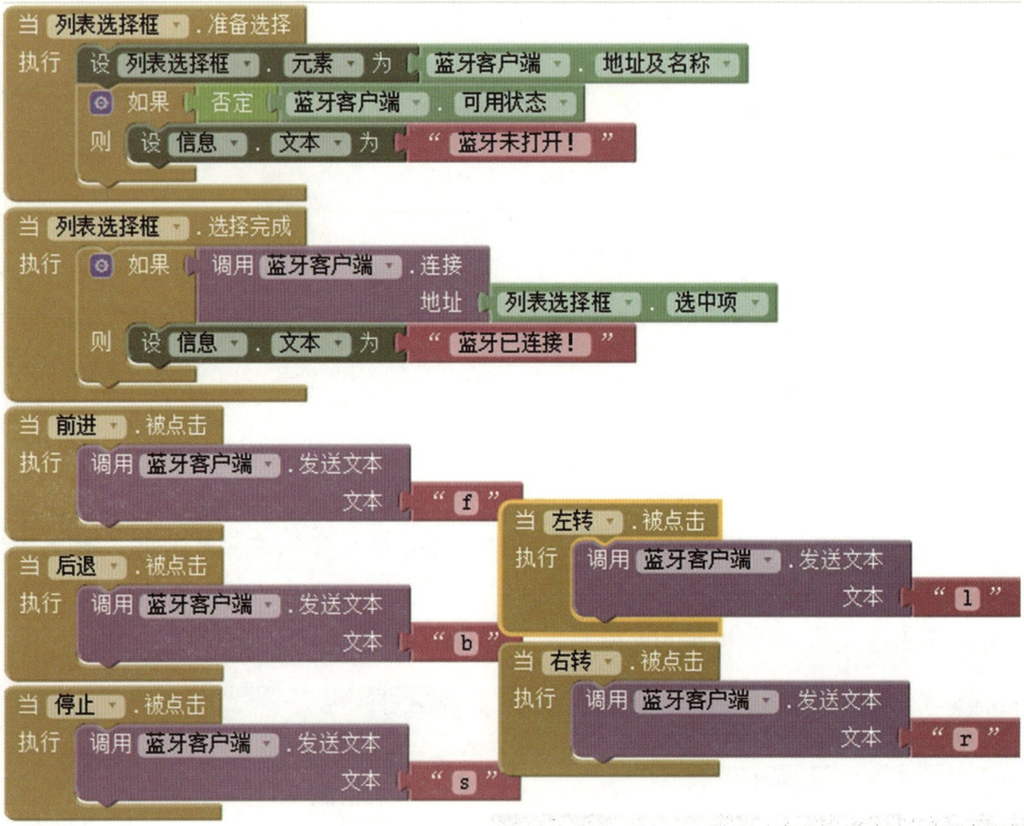

图 3-51　手机 App 逻辑设计

### ● 项目实施

各小组根据项目选题及拟定的项目方案，结合本节所学知识，将舵机、红外及物联网等元素应用到自选项目中，设计实验方案，并进行项目实践。

### ● 成果交流

各小组运用数字可视化工具，将所完成的项目成果在小组和全班中或在网络上进行展示与交流，共享项目成果、分享创作快乐。

### ● 活动评价

各小组根据项目选题、拟定的项目方案、实施情况以及所形成的项目成果，根据本书附录 2 的"项目活动评价表"，开展项目学习活动评价。

## 本章扼要回顾

通过本章学习，同学们根据"技术试验"知识结构图，扼要回顾、总结、归纳本章学过的内容，建立自己的知识结构体系。

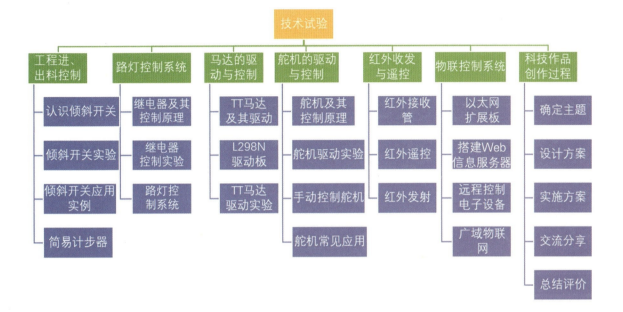

## 回顾与总结

# 附录1　中英文术语对照表

| 英　文 | 中　文 |
| --- | --- |
| Analog data | 模拟数据 |
| Arduino | 一款开源电子原型平台 |
| Arduino UNO | UNO表示意大利语"一" |
| COM（Cluster communication port） | 串行通信端口 |
| CPU(Central Processing Unit) | 中央处理器 |
| Digital data | 数字数据 |
| DIY（Do it Yourself） | 自己动手做 |
| Ethernet Shield | 以太网盾 |
| GND（Ground） | 地线/接地 |
| Html（HyperText Markup Language） | 超文本标记语言 |
| I2C(Inter-Integrated Circuit) | 内置集成电路 |
| IDE（Integrated Development Environment） | 集成开发环境 |
| Internet of Things | 物联网 |
| ISP（Internet Service provider） | 网络服务提供者 |
| LAN（Local Area Network） | 局域网 |
| LCD（Liquid Crystal Display） | 液晶显示屏 |
| LED（Light Emitting Diode） | 发光二极管 |
| Mixly | 图形化编程软件 |
| PWM（Pulse-Width Modulation） | 脉宽调制 |
| RISC(Reduced Instruction Set CPU) | 精简指令集 |
| Servo motor | 伺服马达 |
| SPI（Serial Peripheral Interface） | 串行外设接口 |
| USB（Universal Serial Bus） | 通用串行总线 |
| VIN（Voltage input） | 电压输入/电源输入 |
| VPN（Virtual Private Network） | 虚拟专用网络 |
| WAN（Wide Area Network） | 广域网 |
| WiFi | 一种无线联网技术 |

# 附录2 项目活动评价表

| 项目学习过程 | 创新创作素养达成 | 一级指标 | 二级指标 | 评价结果 |
|---|---|---|---|---|
| 选定项目 | 从现实世界中选择明确的项目主题，形成创新的敏感度和价值判断力。分析项目目标的可行性。 | 项目选题 | 从现实世界选择项目主题的能力 | ☐优秀 ☐良好 ☐中等 ☐仍需努力 |
| | | | 化抽象概念为现实问题的能力 | |
| | | | 对创新的敏感度和价值判断力 | |
| | | 项目分析 | 分析项目目标的能力 | ☐优秀 ☐良好 ☐中等 ☐仍需努力 |
| | | | 分析项目可行性的能力 | |
| | | | 从现实世界发现项目素材的能力 | |
| 规划设计 | 组建团队与明确项目任务，体现正确的社会责任意识。规划项目，交流方案。 | 项目规划 | 组建团队与明确项目任务的能力 | ☐优秀 ☐良好 ☐中等 ☐仍需努力 |
| | | | 规划项目学习工具与方法的能力 | |
| | | | 预期项目成果的能力 | |
| | | 方案交流 | 交流项目方案的能力 | ☐优秀 ☐良好 ☐中等 ☐仍需努力 |
| | | | 完善项目方案的能力 | |
| | | | 体现正确的社会责任意识 | |
| 活动探究 | 通过团队合作，围绕项目进行自主、协作学习。开展探究活动，提升信息获取、处理与应用、创新能力。 | 团队合作 | 自主学习能力 | ☐优秀 ☐良好 ☐中等 ☐仍需努力 |
| | | | 分工与协作能力 | |
| | | | 交流与沟通能力 | |
| | | 探究活动 | 信息获取与处理能力 | ☐优秀 ☐良好 ☐中等 ☐仍需努力 |
| | | | 探究与联想能力 | |
| | | | 实践与创新能力 | |

续表

| 项目学习过程 | 创新创作素养达成 | 一级指标 | 二级指标 | 评价结果 |
| --- | --- | --- | --- | --- |
| 项目实施 | 针对项目进行分解，明确需要解决的关键问题，并采用科学的思想方法，在形成问题解决方案的过程中，实现预设目标，完成作品。 | 工具方法 | 采用科学的思想和方法的能力 | ☐优秀<br>☐良好<br>☐中等<br>☐仍需努力 |
| | | | 使用数字化工具与资源能力 | |
| | | | 数字化学习能力 | |
| | | 实施方案 | 针对项目进行分解的能力 | ☐优秀<br>☐良好<br>☐中等<br>☐仍需努力 |
| | | | 明确需要解决的关键问题 | |
| | | | 完成方案中预设目标的能力 | |
| 项目成果交流与评价 | 与团队成员共享创作乐趣，提升批判性思维能力与社会责任感。<br>评价项目目标与成果质量效果。 | 成果交流 | 清晰表达项目主题与过程的能力 | ☐优秀<br>☐良好<br>☐中等<br>☐仍需努力 |
| | | | 与团队成员共享创作与分享乐趣 | |
| | | | 提升批判思维能力与社会责任感 | |
| | | 项目评价 | 运用新知识与技能实现项目目标 | ☐优秀<br>☐良好<br>☐中等<br>☐仍需努力 |
| | | | 项目成果的可视化表达质量 | |
| | | | 项目成果解决现实问题的效果 | |
| 综合评价 | | | | |

# 附录3 本书所用元器件或替代品参考资料

| 序 号 | 名 称 | 规格型号 | 备 注 |
|---|---|---|---|
| 1 | 入门套件 | UNO R3 | 包含Arduino主板及其他四十余个常用元器件等 |
| 2 | Arduino板 | ATmega328 | Arduino UNO R3 |
| 3 | 面包板 | 400孔 | 大面包板 |
| 4 | 黄色面包板 | SYB-170 | |
| 5 | 连接线 | 一捆 | 面包线一扎65根 |
| 6 | 红外接收管 | 3MM940nm | 5mm红外对管 |
| 7 | 1位数码管 | SM420282D | 0.5英寸10位数码管 |
| 8 | 时钟模块 | DS1302 | 实时 |
| 9 | 微型马达 | 130 | |
| 10 | 继电器 | JQC-3FF | |
| 11 | 9G舵机 | SG90 | 舵机云台1号双轴 |
| 12 | 光敏电阻 | Φ5GL5528 | PD204-6C 3MM |
| 13 | 无源蜂鸣器 | 9×4mm | 23mm有源蜂鸣器 |
| 14 | 温度传感器 | LM35DZ | 温敏电阻 |
| 15 | 温湿度模块 | DHT11 | 传感器 |
| 16 | 火焰传感器 | YS-17 | 智能小车用 |
| 17 | 压力传感器 | BF350 | 应变片/应变计 |
| 18 | 倾斜开关 | SW-200D | 滚珠开关 |
| 19 | LED | 5mm | 100只 |
| 20 | 电位器 | 10k | 可调 |
| 21 | 色环电阻 | 1/4W，30种 | 每种20个，共600个 |
| 22 | 万能遥控器 | 多遥控合一 | 电视机/机顶盒/DVD等 |
| 23 | 蓝牙模块 | SPP-C | 替换HC-05/06从机 |
| 24 | 无线收发 | ESP8266 | 模块，串口WiFi |
| 25 | 以太网模块 | W5100 | ENC28J60网络模块 |

# 附录 4  电路焊接的基本技术

在创作电子作品的过程中,焊接技术是很重要的。如果焊接质量不好,不仅会给调试工作带来困难,而且也会影响作品工作时的稳定性。因此,了解焊接的基本知识,练好焊接技术是非常重要的。

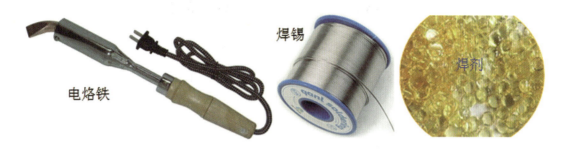

附图 4-1  电烙铁、焊锡与焊剂

### 1. 电烙铁

常用的电烙铁有 20W、25W、75W、100W 等种类,根据焊接原件的大小和导线的粗细来选择使用。一般焊接小功率晶体管和小型元件时可选用 20W 或 25W 烙铁,这样不易在焊接过程中使晶体管损坏;在焊接粗导线或大型元件时用 75W 或 100W 的电烙铁。

新的烙铁头在使用前,应先用砂纸将其磨光,然后上一层焊锡。烙铁使用一段时间之后,烙铁头上会出现黑色氧化物,使烙铁头很不容易挂锡,焊不牢,也费时。此时应用砂纸或锉刀除去氧化物,重新挂上一层锡。

### 2. 焊锡

焊接电子电路时常用焊锡作为焊料,因为它有较好的流动性和附着性,在一定的温度、湿度及振动冲击下具有足够的机械强度,而且有耐腐蚀、使用方便等优点。

常用的有铅焊锡的成分大致为:锡 63%,铅 36.5%,其他金属 0.5%,其熔点温度约为 190℃。无铅焊锡主要由锡和铜组成,是目前常用、环保的焊锡材料。

### 3. 焊剂

焊剂的作用是除去油污,防止被焊接的金属受热氧化,增强焊锡的流动性。

常用的焊剂是松香,它有黄色和褐色两种,淡黄色松香较好,当烙铁头蘸松香时,挥发的烟量少,附着性好。

为了增强焊剂效果,往往将松香溶于酒精中使用 [ 配制方法:松香 ( 碎末 )20%,酒精 78%,三乙醇胺 2% ]。

### 4. 焊点质量

焊点的质量直接关系到整个电子作品能否稳定可靠地工作,因此焊接技能是创作电子作品的一项基本功。

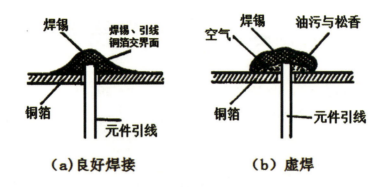

附图 4-2　焊接质量对比

质量好的焊点如图 4-2(a) 所示，在交界处焊锡、焊孔（铜箔或焊片）和元件引线三者都良好地熔合在一起；如图 4-2(b) 所示，从表面上看，焊锡也把导线包住了，但焊点内部并没有完全熔合，这种焊点一般称为虚焊点或假焊点。虚焊点内部存在着不稳定的电阻，随着温度、湿度或振动等因素的变化，焊点处的电阻也会发生变化，或形成断路，这样就使电子作品不能稳定可靠地工作。

### 5. 焊接要领

要得到良好的焊接，对元件的焊接点及焊接部位的清洁处理是非常重要的，否则将发生假焊或虚焊。

（1）焊接前，先将元件的引线和导线的焊接部位用小刀刮或用砂纸擦去表面的漆层和氧化物，清洁处理后，涂上一层松香焊接油，进行镀锡，之后才可进行焊接。

（2）先在干净的待焊面上涂上一层助焊剂，再用干净的恒温电烙铁在待焊面上涂一层薄薄的焊锡，然后把元件放置上去对准，上锡固定。焊接时电烙铁温度要适中，一般 400℃ 左右为好。

（3）检查：首先目测，然后用尖细的东西检查每个引脚是否松动，最后可用万用表测量。

### 6. 注意事项

焊接操作具有一定的危险性，在操作过程中一定要注意安全，在老师或专业人员的指引下严格按照规范进行操作，并注意以下问题。

（1）焊锡是一种化学产品，混合了多种化学成分，不可食用。

（2）在焊接过程中，产生的部分烟雾会对人体呼吸系统产生刺激，长时间或一再暴露在其废气中可能会产生不适，因此应确保焊接现场通风良好，焊接设备必须安装充足的排气装置，将废气排走。

（3）焊接操作过程中应使用护目镜和手套。

（4）焊接过程中不允许饮食，结束后必须先用肥皂或温水洗手才能进食。

（5）焊接完毕，应及时关闭电源。

（6）焊接的各种材料和工具应避免接近火源，若不慎着火，可用二氧化碳或化学干粉灭火器进行灭火，千万不可用水灭火。

## 参 考 资 料

1. Native Capacitive Sensors without additional Hardware，http://playground.arduino.cc/Code/CapacitiveSensor.
2. 超声波模块 HC-SR04 简介以及编程，http://blog.sina.com.cn/s/blog_62efd1040100v4hn.html.
3. Arduino+L298N 小车实例教程，https://www.arduino.cn/thread-83331-1-1.html.
4. 如何建立 VPN 通道的方法，http://download.csdn.net/detail/arong_119/3045485.
5. ESP8266 WIFI 模块实现远程 wifi 控制，http://www.geek-workshop.com/thread-11266-1-1.html.
6. 红外编码原理，http://blog.chinaunix.net/uid-20737871-id-1881250.html.
7. Arduino 蓝牙串口与手机通信实验及完整例程，http://www.arduino.cn/thread-16311-1-1.html.
8. 用 Android 控制 Arduino 小车，http://blog.sina.com.cn/s/blog_6611ddcf0102v137.html.
9. [美] Jeremy Blum．Arduino 魔法书 [M]．况琪，王俊升译．北京：电子工业出版社，2014．
10. [美] Tom Igoe．创客圣经 [M]．何为，肖文鹏，郭浩赟译．北京：人民邮电出版社，2015．